KB121986

새내기
주권자를
위한

투표의 지혜

새내기 주권자를 위한
투표의 지혜

제1판 제1쇄 발행일 2020년 3월 1일
제1판 제4쇄 발행일 2023년 1월 22일

글 _ 손석춘
기획 _ 책도둑(박정훈, 박정식, 김민호)
디자인 _ 채홍디자인
펴낸이 _ 김은지
펴낸곳 _ 철수와영희
등록번호 _ 제319-2005-42호
주소 _ 서울시 마포구 월드컵로 65, 302호(망원동, 양경회관)
전화 _ (02) 332-0815
팩스 _ (02) 6003-1958
전자우편 _ chulsu815@hanmail.net

ISBN 979-11-88215-40-9 43340

철수와영희 출판사는 '어린이' 철수와 영희, '어른' 철수와 영희에게
도움 되는 책을 펴내기 위해 노력합니다.

새내기
주권자를
위한

투표의 지혜

첫 선거 설렘이
민주주의 성숙으로

글 손석춘

철수와영희

첫 선거의 설렘과 슬픔

첫 투표.

20대 국회 끝자락에서 선거 연령을 만 18살로 낮춘 법이 마련됐습니다. 그것만으로도 한국 정치사에서 2020년대는 새롭습니다. 처음으로 고등학생들도 대통령과 국회의원, 시장과 도지사를 선출하는 시대가 열렸으니까요.

이미 선거 연령을 16살까지 낮춘 나라도 있습니다. 세계적 흐름이 또렷한 만큼 10대들의 투표는 앞으로 더 늘어날 터입니다. 경제협력개발기구OECD 가운데 가장 늦게 18살로 내렸음에도 마지막까지 그에 반대하는 사람들도 있었습니다.

완강한 반대론자들은 18살이면 투표하기에 아직 어리고 학교가 정치로 난장판이 될 수 있다고 주장했습니다. 찬찬히 짚어보죠. 과연 나이가 많다고 정치적 판단이 성숙하는 걸까요? 학교를 난장판으로 만드는 것이 '정치'일까요? OECD 국가들은 다 되는데 한국은 안 된다면, 한국의 10대들을 그만큼 못 믿겠다는 걸까요? 고등학교 3학년생 일부에게 투표권이 주어져서 학교가 난장판이 된다면 모든 대학이 지금 정치로 오염되었을까요?

조금만 짚어보아도 알 수 있듯이 나이와 정치적 판단이 비례하지는 않습니다. 꼭 정치 문제가 아니어도 우리 주변에서 중장년보다 더 철이 든 청소년을 얼마든지 볼 수 있습니다.

그래서입니다. 이 책은 인생의 첫 투표에 나설 10대와 20대 초반의 '새내기 유권자'들을 염두에 두고 구상했지만, 나이와 무관하게 지금까지 투표에 대해 깊이 성찰할 기회가 없었을 유권자들에게도 도움이 될 수 있도록 가능한 한 쉽게 썼습니다.

누구에게나 첫 투표가 있습니다. 정도의 차이는 있지만 첫 투표장으로 가는 길엔 설렘이 있게 마련이지요. 그 설렘의 그림자도 짙습니다.

가령 특정 지역의 10대와 유권자들이 무조건 특정 정당을 투표한다면 슬픈 일입니다. 그렇지 않아도 남북으로 분단된 나라의 남쪽에서 다시 동서로 나뉘는 정당과 투표 행태는 참으로 가슴 아픈 풍경이지요.

더구나 첫 투표의 감성은 시나브로 무뎌집니다. 투표일을 휴일로만 받아들이는 청장년이 적잖은 이유입니다. 선거를 거듭할수록 "정치인들은 다 똑같다"는 생각이 짙어간다면 투표의 슬픔은 더 깊겠지요.

새삼 강조하지만 투표는 주권 행사입니다. 주권은 국어사전 뜻

그대로 '국가의 의사를 최종적으로 결정하는 권력'입니다. 대한민국 헌법은 지금 이 책을 펴든 독자에게 주권이 있음을 선언하고 있습니다.

누구에게나 첫 투표는 자신이 주권자의 길에 들어섰음을 알리는 이정표입니다. 이미 민주주의 이론이나 한국 정치를 분석한 책을 출간했음에도 인생 '100세 시대'에 주권 행사의 길을 걸어갈 때 길라잡이가 될 수 있는 기본 안내서를 구상한 이유입니다.

무릇 지혜는 경험에서 나옵니다. 르네상스 시대의 천재 레오나르도 다빈치도 "지혜는 경험의 딸이다. 경험에 근거하지 않은 사색가의 교훈은 피하라"라고 말했습니다. 이 책이 투표의 역사적 맥락을 중시한 이유입니다. 특정 정파나 지역과 색깔을 떠나 모두 공감할 수 있도록 민주주의의 상식에 기초해 써갔습니다.

모쪼록 '새내기 주권자'들과 '고참 유권자'들이 이 책을 함께 읽고 부드럽게 토론하며 공감대를 넓혀가기를 소망합니다.

손석춘 드림

차례

9 행복할 권리, 투표할 의무

맺음말

1
선거의 탄생

젊은 여성들이 도심 거리로 나섰습니다. 돌을 던지며 불을 지르고 싸웠습니다. 길가의 상점 유리가 산산조각 났고 우체통이 불탔습니다. 전선이 끊어져 정전이 일어나기도 했습니다.

영국의 런던과 맨체스터에서 일어난 '과격 시위'인데요. 경찰은 시위에 나선 여성 1300여 명을 체포했습니다. 더러는 훈방했지만 수백 명을 교도소에 수감했습니다.

영국 여성들은 왜 거리에서 불을 지르는 투쟁을 벌였을까요?

투표권의 역사

그 가운에 한 여성은 11번이나 체포되었고 교도소 안에서도 단식하며 투쟁을 벌였습니다. 그녀의 이름은 에멀린 팽크허스트. 영국

서프러제트 운동의 선구자입니다. 서프러제트는 참정권을 뜻하는 서프러지^{suffrage}에 여성을 뜻하는 접미사 '-ette'를 붙인 말입니다.

20세기가 열렸는데도 '신사의 나라' 영국에서 여성들은 투표권이 없었습니다. 여성들은 1903년 참정권 운동 단체인 여성사회정치연합^{WSPU}을 결성했습니다. 처음 참정권 운동을 벌일 때는 비폭력 투쟁을 원칙으로 삼았습니다.

하지만 남성들의 기성 정치권은 여성들의 목소리에 전혀 귀 기울이지 않았습니다. 여성에게도 참정권을 달라는 주장을 차분하게 펼치고 합리적으로 입법을 요구했지만 국회에서 연이어 부결당했습니다.

여성들은 이대로 기다릴 수만은 없다고 판단했지요. 이윽고 1908년부터 투쟁 방법을 전환해 급진적으로 싸워갔습니다. 여성들이 거리로 나가 돌을 던지고 불을 지른 이유입니다.

그렇게 싸웠음에도 돌아오는 것은 '법대로 처벌'이었습니다. 참정권을 요구하며 거리로 나선 여성들은 줄줄이 교도소로 끌려갔습니다. 투표권을 얻을 가능성은 전혀 보이지 않았지요.

자, 그럼 여기서 책 읽기를 잠시 멈추고 생각해볼까요. 여성들은 어떻게 해야 옳았을까요. 여성에게도 투표권을 달라는 말은 너무나 온당해서 지금으로선 감히 그 누구도 반대하지 못할 것입니다.

그런데 아무리 설득해도 안 될 때, 거리로 나서 싸워도 묵살당할 때 어떤 길이 있을까요? 그냥 포기해야 옳을까요?

한 여성이 결단을 내렸습니다. 여성 참정권의 실현을 위해 기꺼

'Votes for Woman'이라는 표어를 들고 시위하는 영국의 여성들.

이 목숨을 바치겠다고 다짐했지요. 에밀리 데이비슨입니다. 그녀는
1913년 6월 4일 영국 런던 남부에서 열리는 경마 대회에 국왕이 온
다는 정보를 듣고 계획을 세웠습니다.

경마장에 들어가 앉아 있던 데이비슨은 멀리서 말들이 달리기 시
작할 때 관중석에서 뛰쳐나왔습니다. 전속력으로 달려오는 경주마
들 사이로 뛰어들어 국왕 조지 5세의 말에 다가섰습니다. 결과는 참
혹했습니다. 말에 짓밟힌 데이비슨은 곧장 병원으로 실려 갔지만
결국 죽음을 맞았습니다.

데이비슨은 달려오는 말에 다가설 때도, 뛰어들 때도 외쳤습니다.
"여성에게 투표권을!"

말발굽에 쓰러진 그녀의 옷에도 '여성에게 투표권을'이란 문구가

새겨져 있었습니다. 데이비슨은 질주하는 국왕의 말에 몸을 던지기까지 모든 방법을 써보았습니다. 거리로 나서 돌을 던졌고 우체통에 불을 질렀고 정치인의 집을 찾아갔습니다. 아홉 차례나 체포당해 감옥에서 벌인 단식 투쟁만도 일곱 차례였습니다.

데이비슨의 죽음은 남성들만 투표하는 '관습'을 당연시해온 수많은 여성들을 움직였습니다. 그녀의 장례식에서 여성 참정권을 요구하는 대규모 시위가 일어났습니다.

하지만 남성들의 정치권은 데이비슨의 죽음 앞에서도 시큰둥했습니다. 여성들은 데이비슨의 참혹한 죽음을 알려가며 5년에 걸쳐 여성 참정권 여론을 형성해갔습니다.

1918년 2월 6일 영국 의회에서 처음으로 여성도 투표권을 갖는 '민중대표법Representation of the People Act'이 통과됐습니다. 하지만 싸움은 끝날 수 없었지요. 모든 여성이 투표권을 얻은 것이 아니었기 때문입니다. '30세 이상의 일정 재산을 가진 여성이나 재산을 소유한 남성과 결혼한 여성'에 한해서 투표권이 주어졌습니다.

도무지 납득하기 어려운 행태였지요. 21세기인 지금 데이비슨의 죽음이나 남성들만의 투표, 일부 여성만의 투표권은 공분을 사기에 충분합니다.

다만 조금 더 성찰할 문제가 있습니다. 여성들이 줄기찬 투쟁으로 투표권을 얻어냈다면, 남성들은 언제 어떻게 투표권을 얻었을까 하는 물음이 그것입니다. 그 물음에 답하려면 선거 자체가 언제 어떻게 시작했는가를 톺아보아야겠지요.

선거의 기원을 정확히 알아야 오늘날의 투표 현실도 온전히 파악할 수 있습니다. 흔히 선거의 역사를 살필 때 출발점을 고대 그리스에서 찾습니다. 도시국가 아테네는 민주주의의 발원지로 꼽히지요. 기원전 4~5세기에 아테네의 가장 중요한 정치기구는 민회였습니다.

민회는 법안을 표결하고 고위직 공무원을 선출하는 역할을 담당했습니다. 그런데 민회의 구성원은 모두 자원자였습니다. 민회에 모인 사람들 가운데 '제비뽑기'로 500인 평의회를 구성했는데요. 500인 평의회가 법안을 작성하고 외교 업무를 수행하며 행정직을 관리했습니다.

그럼 행정직은 어떻게 선발했을까요? 그들 또한 시민들의 제비뽑기에서 당첨된 사람들로 600명이 맡았습니다.

다만 고위직 공무원은 앞서 말했듯이 민회에서 100명을 선출했습니다. 행정직 공무원 가운데 군사와 재정 분야는 적합한 전문가 후보를 두고 선거로 뽑았습니다.

지금의 사법부 일을 맡은 민중법원도 시민들 가운데 제비뽑기로 6000명을 추려 구성했습니다. 그들이 재판을 담당했습니다. 굳이 견주자면 지금의 배심원제와 비슷하지만 민중법원에선 평범한 민중이 최종 판결까지 담당했습니다. 제비뽑기를 했던 아테네 시민의 수는 최소 3만 명에서 최대 6만 명이었다고 기록에 남아 있습니다.

입법과 정책, 판결까지 모두 제비뽑기라는 우연으로 뽑힌 사람들이 담당했기에 누구라도 다음에 그 일을 맡을 수 있었습니다. 아테네에서 제비뽑기로 공직을 맡은 사람들의 임기는 모두 1년이었기에 시민들은 돌아가며 공무를 수행했습니다. 최대한 많은 시민을 국정에 참여케 하고 이를 통해 평등을 구현하려 했던 것이지요. 아테네 민주주의 체제의 핵심은 제비뽑기와 교대 책임제였습니다.

가장 중요한 기구인 민회는 법안을 표결하고 고위직 공무원을 선출할 때 공개된 장소에서 손을 들어 결정했습니다. 때로는 환호로 결정했지요.

민회는 독재자가 될 위험이 있는 인물의 이름을 도자기 조각에 적어 국외로 10년간 추방하는 도편추방제Ostracism도 운영하고 있었습니다. 도편陶片은 말 그대로 도자기 조각이나 조개껍데기를 이용한 투표입니다.

먼저 도편추방제를 올해에 시행할 것인지 여부를 민회에서 거수투표로 결정한 뒤, 그리스 시민들이 생각하는 '위험인물'의 이름을 도편에 적어놓는 비밀 투표를 실시했습니다. 독재자의 출현을 사전에 막으려는 제도였지요. 시간이 지나면서 자신이 경쟁하는 상대 정치가를 제거하는 음모로 악용되었지만 의미 있는 투표제였습니다.

제비뽑기는 중세의 베네치아와 피렌체에서도 주요 공직자를 뽑는 방법이었습니다. 베네치아는 최고 귀족 가문들 사이의 격렬한 정쟁을 막아야 했는데요. 권세 있는 가문들이 모두 모인 자리에서 제비뽑기로 지도자를 결정했고 모두 승복했습니다.

고대 그리스의 제비뽑기나 도편추방제는 오늘날의 민주주의에도 영감을 줍니다. 제비뽑기를 활용한 기원전 4~5세기의 아테네와 르네상스 시대의 베네치아, 피렌체는 모두 부와 권력, 문화가 정점에 도달해 있던 시기였기에 더 그렇습니다.

하지만 분명히 인식해야 할 것은 그리스의 민회가 모든 사람에게 열려 있지 않았다는 사실입니다. 성인 남자로 참석이 제한되어 있었기에 여성들은 배제되었습니다. 더구나 노예들은 말할 나위 없습니다. 중세 베네치아나 피렌체도 귀족들만의 제비뽑기였을 따름입니다.

따라서 우리가 지금 시행하고 있는 선거와는 결정적 차이가 있습니다. 사회 구성원 모두에게 투표권을 주는 정치는 근대사회의 산물이자 특징입니다.

"모든 인간이 왕이다"

사실 동서양을 막론하고 인류 역사 대부분의 시간대에서 왕정체제가 보편적이었습니다. 왕정체제는 나라의 최고 의사 결정권자인 왕의 자리를 특정 집안이 세습하며 정치를 귀족과 독점하고 경제적 특권을 누리는 사회였습니다.

우리가 살고 있는 근대사회와 구분해 왕들의 시대를 '전근대사회'라 부르거나 지주계급의 사회, 또는 중세사회라고도 합니다. 어떤 이름으로 불러도 좋습니다. 그 사회와 근대사회에는 확연한 차이가 있습니다.

평범한 사람들, 곧 민중의 관점에서 가장 결정적 차이는 엄격한 신분제입니다. 근대사회에 살고 있는 오늘날의 사람들에게 적어도 법적인 신분 차별은 없습니다. 그렇다고 해서 현대인들이 모두 평등을 누리고 있다고 주장할 생각은 전혀 없지만, 비록 형식적 선언이라 하더라도 법 앞에 우리 모두는 '평등'합니다. 신분제도는 없다는 뜻이지요. 왕국은 다릅니다. 왕과 귀족이 정치적 독점과 경제적 특권을 위해 신분제도를 형성했고 그 유지를 위해 민중에게 폭력을 일삼았습니다.

한국사에서 왕정은 20세기 초까지 이어졌습니다. 조선왕조의 왕은 귀족인 양반계급과 함께 500여 년을 혈연으로 지배해왔지요.

많은 사람들은 은연중에 자신이 옛날에 태어났으면 양반집 도령이나 규수였으리라고 생각합니다. 텔레비전 드라마나 영화를 보면서 자기를 왕자나 공주에 감정이입하는 사람도 적지 않습니다.

하지만 실제 현실을 직시할 필요가 있겠지요. 지금 우리 사회 구성원의 절반 이상은 양반이 아니었습니다. 양반이 아닌 상민, 특히 천민의 삶을 자신의 그것으로 상상해보면 민주주의가 얼마나 고마운 정치제도인가를 실감할 수 있습니다. 만일 독자가 양반집에 머슴으로 태어났다면, 평생 학대받으며 살아가야 했던 운명을 어떻게 받아들일 수 있겠습니까.

바로 그렇기에 세계사의 모든 왕정이 그렇듯이 조선왕조도 신분제도를 합리화하는 이데올로기를 끊임없이 교육하며 주입했습니다. 그 점에 비추어 보면 우리는 모두 상대적으로 행복한 시대에 태어난 셈입니다.

비합리적일뿐더러 비인간적인 신분제도는 조선은 물론 동양과 서양 두루 마찬가지였습니다. 그런데 역사적 지평에서 볼 때 15세기 유럽의 정치경제 체제는 조선에 비해 후진적이었습니다. 중앙집권 체제가 물샐틈없을 만큼 완벽했던 조선과 달리 느슨한 봉건제도였거든요.

물론 유럽에서도 봉건영주 중심의 신분제도는 공고했지만, 중앙집권 체제가 형성되지 못했기 때문에 곳곳에 틈새가 있었습니다. 그 틈새에서 상인이나 공인이 점차 세력을 형성해나가며 근대사회가 움트게 됩니다.

한 세기 이상에 걸쳐 상공인들이 세력화하면서 토지에 기반을 둔 지배세력인 귀족에게 경제적으로 예속되지 않는 지식인들도 나타나기 시작했습니다. 상공인들과 직간접적 연관을 지닌 그들은 모든 인간이 평등하게 태어났다는 사상을 철학적으로 개념화해나갔지요. 계몽사상의 등장이 그것입니다.

1600년대에 들어서면서 절대왕정체제가 자리 잡아 왕권이 강화되는 현상이 표면적으로 나타납니다. 하지만 절대왕정의 체제를 유지하려면 많은 돈이 필요하거든요. 결국 중상주의 정책을 펴나감에 따라 상공인들의 세력화는 가속도가 붙습니다.

왕의 신화적 지위와 독점적 정치력에 의문을 제기하는 글도 나타났습니다. 개인주의와 민주주의 사상이 싹튼 것인데요. 영국의 문필가 오버튼이 1646년 쓴 짧은 논문 「모든 폭군을 향해 쏘는 화살」

이 대표적으로 거론되는 사례입니다. 오버톤은 다음과 같이 주장합니다.

"지상에 사는 모든 개인에게는 누구도 침해하거나 빼앗을 수 없는 자기에 대한 소유권이 천부적으로 주어졌다. 내가 나인 것은 내가 바로 나의 소유자이기 때문이다. 아무도 나의 권리와 자유를 침해할 수 없으며, 나 또한 타인의 권리와 자유를 침해할 수 없다. 내가 가진 유일한 권리는 개인으로서 내가 되는 것이고 내 소유인 내 삶을 누리는 것이다. 바로 이와 같이 우리는 살아야 한다. 각자가 타고난 권리와 특권, 더 나아가 신이 우리에게 본래적으로 부여하지 않은 모든 권리까지 누리면서 말이다. (…) 왜냐하면 모든 인간은 본래 자연스러운 자신의 범위와 한계를 지닌 왕이요, 사제요, 선지자이므로. 그가 위임하거나 자유롭게 동의하지 않는다면 누구도 이런 위치를 나누어 가질 권리가 없기 때문이다. 그것이 바로 인간의 천부적 권리이자 자유인 것이다."

모든 인간이 왕이라는 언명, 그것은 대대로 수천 년을 이어온 왕국의 시대에 정면으로 맞서는 혁명적 발상이었습니다. 근대 철학의 '아버지'라 불리는 르네 데카르트가 "나는 생각한다. 고로 나는 존재한다"는 유명한 선언을 한 『방법서설』을 출간한 것도 그 무렵인 1637년이었지요. "세상에서 가장 중요한 것은 자기 자신이 되는 것"이라는 몽테뉴의 경구가 퍼져가던 시기이기도 했습니다.

르네 데카르트와 『방법서설』.

근대 시민사회 이전의 사람들은 '개인'이라고 보기 어렵습니다. 중세 신분제의 두터운 질서 아래 태어날 때부터 특정 신분의 인간으로 규정되었기 때문이지요. 왕족이나 귀족의 집안에서 태어난 인간과 평민·천민으로 태어난 사람은 결코 같은 존재일 수 없었습니다. 그런 상황에서 보편적인 투표권이란 상상할 수도 없었지요.

왕정을 무너뜨린 '아래로부터의 싸움'

인간이 인간으로서 자기 자신을 발견하는 일, 바로 그것이 개인의 등장이었습니다. 근대 시민계급의 등장은 근대적 개인의 존재를 전제하고 있는데요. 근대적 개인은 상공인들의 세력화를 전제로 하고 있습니다.

때마침 인쇄술에 근거한 커뮤니케이션의 획기적 변화가 근대사회를 열었다는 점에서 역사가들은 그것을 '구텐베르크 혁명'으로 부릅니다. 인쇄 기술의 발전은 역사상 처음으로 신문이라는 대중매체를 가능하게 했거든요.

처음에는 시장의 상품 시세를 담는 '정보지'로 선보인 신문은 상공인들이 세력화하고 계몽사상이 확산되면서 정치적 주장을 담아갔습니다. 말 그대로 정론지로서 신문이 탄생한 것입니다. 신문 발행은 계몽사상의 확산을 증폭시키며 정치의식의 각성을 이뤄나갔습니다.

세력을 이룬 상공인들은 자연스럽게 왜 자신들이 정치적 결정에 참여하지 못하는가 하는 의문을 제기하기 시작했습니다. 그때까지 선거나 투표는 물론, 아예 참정권이라는 말도 없었거든요.

상공인의 경제력이 커져가면서 그들이 내는 세금도 늘어가게 마련이었습니다. 결국 왕국이 상공인들의 세금에 의존하는 비율이 점점 높아지고 있음에도 정치적 발언권은 토지와 신분제에 토대를 둔 지주이자 귀족 세력이 독점하는 꼴이 되었습니다. 그런 현실을 상공인들이 비판적으로 바라보는 것은 역사의 순리였지요.

왕정체제는 쉽게 바뀔 수 없었습니다. 1000년이 넘도록 동서양을 막론하고 왕들은 자신들의 특권적 지배 체제에 도전하는 사람들을 잔인하게 살육해왔지요. 유럽에서는 왕권이 신으로부터 왔다는 왕권신수설이, 동아시아에선 왕을 '하늘의 아들'이라며 '천자'라 부르는 유교가 그 피 묻은 특권을 정당화해준 것은 물론입니다.

여기서 다시 스스로 짚어보기 바랍니다. 신분제에 바탕을 둔 왕들의 역사가 종언을 고한 이유는 무엇인가요?

왕이 왕비와 함께 우아하게 와인을 마시다가 어느 순간, 자기 자식에게 국가권력을 물려주는 것은 옳지 않다고 반성하면서 사퇴했을까요? 왕들이 앞장서서 이제 민주주의 시대가 열리고 있으니 다음 왕부터는 민중들이 투표를 통해 뽑자고 했을까요?

아닙니다. 역사에 그런 일은 없었습니다. 아마 독자들이 왕이라도 그렇게 할 가능성은 거의 없겠지요.

동서고금을 막론하고 왕들은 자신의 왕권을 지키기 위해 형제는 물론이고 부모조차 죽이는 일을 서슴지 않았습니다. 멀리서 찾을 문제도 아닙니다. 당장 조선왕조의 태종 이방원이 자행한 형제 살해나 중국 수양제가 저지른 아버지 독살은 왕권이 얼마나 큰 권력인가를 실감하게 합니다. 왕들이 스스로 왕의 자리를 국민투표로 뽑자며 왕조의 문을 닫는 것은 역사에서 일어나기 어려운 일입니다.

21세기인 오늘에도 왕권이 유지되는 나라가 드물게 있지만, 왕정이 의미 있는 시대는 더 이상 아닙니다. 그럼 왕권이 인류사에서 사라진 이유는 어디에 있을까요? 전 세계적으로 왕들이 실권한 것은, 그래서 한 국가의 최고 의사결정권자를 투표로 선출하는 제도가 등장한 것은 무엇 때문일까요?

우리가 흔히 간과하고 있지만 답은 명쾌합니다. 아래로부터의 싸움이었습니다. 유럽의 봉건사회 내부에서 상공인들은 사회적으로 세력을 형성해나가며 조금씩 자신들의 정치적 발언권을 키워갔습니다.

인쇄술의 상업화를 바탕으로 신분제에 반대하는 평등사상도 퍼져갔습니다. 상공인들은 자신들의 '사업'이 커가면서 고용하게 된 노동인들을 앞장세워 참정권을 요구하며 왕권에 도전하기에 이르렀지요.

중세의 왕국에서 살아가던 상공인이나 노동인들은 모두 군주에 충성해야 할 신민이었습니다. 그 신민이 신분제를 벗어나 시민으로 등장하는 역사적 사건이 바로 시민혁명이지요.

세계사의 전개 과정에서 '시민혁명의 전형'은 프랑스대혁명[1789] 입니다. 프랑스혁명 과정에서 왕 루이 16세와 왕비 마리 앙투아네트의 목은 가차 없이 단두대의 칼날을 맞았습니다. 수천 년 동안 왕의 권력으로 사회적 통합을 이루는 방법 외에는 생각하지 못했던 시대에 마침표를 찍는 혁명이었지요.

여기서 거듭 잊지 말아야 할 진실은 왕과 왕비가 스스로 왕권을 포기하지 않았다는 사실입니다. 인쇄술의 발달, 그에 따른 민중의식의 성숙과 조직이 뒷받침되지 않았다면 왕들의 역사는 더 오래 지속됐을 게 분명합니다. 역사의 발전이 투쟁에 있다는 새삼스러운 진실을 확인하게 됩니다. 선거의 탄생도 마찬가지입니다. 주권이 민중에게 있다는 혁명적 명제는 역사적 투쟁을 바탕으로 상식이 된 거죠.

더러는 시민혁명이 꼭 유혈 사태를 겪은 것만은 아니라며 영국

프랑스대혁명 당시 바스티유 감옥을 습격하는 장면. 〈바스티유 습격〉, 장 피에르 루이 로랑 위엘. 1789년.

혁명을 보기로 듭니다. 프랑스혁명보다 100여 년 앞서 일어난 명예혁명Glorious Revolution은 당시 국왕인 제임스 2세1633~1701의 폭정에 반대해 그를 폐위하고 딸인 메리와 윌리엄 부부를 왕으로 세우며 왕의 권리를 제한한 사건입니다. 피를 흘리지 않아 명예혁명이라 규정했지만, 조금만 들여다보더라도 현실은 다르지요. 네덜란드에 있던 메리-윌리엄 부부가 1만 5000명의 군대를 이끌고 영국 남서부에 상륙해 파죽지세로 런던으로 진격했기에 가능했습니다. 제임스 2세는 왕위를 버리고 도망갔습니다.

　제임스 2세가 처형당하지 않아 명예혁명이라 부르지만 그것이 가능했던 배경에는 그보다 앞서 1642년에서 1660년에 걸쳐 일어난 유혈 사태가 있었습니다. 대지주로서 특권계층으로 살아가던 왕당파의 귀족들에 맞서 성장하고 있던 상공인들과 중소 지주들이 혁명을 이끌었지요. 그들 가운데 청교도들이 많아 청교도혁명으로도 불리지만 세계 최초의 시민혁명으로 평가됩니다.

당시 왕 찰스 1세는 왕의 권리는 신으로부터 받은 것이고, 국왕은 법 위에 있다고 믿었으며 왕 마음대로 세금을 거둘 수 있다고 생각했지요. 과도한 세금을 걷으려던 찰스 1세는 청교도들의 손에 처형당했습니다. 그런 역사가 있었기에 명예혁명 시기에 제임스 2세는 항전을 포기했고 그의 딸 메리 2세는 권리장전을 수용할 수 있었습니다.

명예혁명으로 실정을 거듭하는 왕을 쫓아내고 새 왕을 자리에 앉힘으로써 의회의 권한은 커질 수밖에 없었지요. 권리장전은 "의회의 승인 없이 법을 제정하거나 법의 효력을 정지시킬 수 없다"와 "의회의 승인 없이 세금을 거둘 수 없다"를 명문화함으로써 정치 민주화에 큰 걸음을 내디딥니다. 영국혁명은 프랑스혁명과 달리 타협을 통해 이룬 정치적 안정으로 귀족과 상인들도 재산을 축적해갔고 의회가 주도한 중상주의 정책이 더해지며 산업혁명의 토대를 마련해갔습니다.

시민혁명과 선거제도의 발달

미국의 독립혁명은 프랑스혁명보다 조금 앞섰지만, 아메리카의 이주민들이 영국의 지배에 맞서 독립을 이룬 사건이기에 사상적 바탕은 유럽의 계몽사상이었습니다. 다만 대한민국이 대통령제를 채택하고 있으므로 프랑스혁명 못지않게 미국혁명을 자세히 짚어볼 필요가 있습니다.

프랑스에선 혁명 이후에도 숱한 유혈사태 끝에 80여 년이 더 지난 1870년대 들어서서야 최종적으로 왕정이 근절되었지만, 미국은 독립전쟁이 끝나면서 곧바로 선거제도를 뿌리내려갔습니다. 대통령제가 바로 미국혁명에서 시작했지요.

오늘날 미국이 자리한 북아메리카에 유럽인들이 이주하기 시작한 것은 1600년대부터입니다. 콜럼버스가 도착했을 무렵, 북아메리카 대륙에는 1500~2000만 명의 주민이 살고 있던 것으로 추산되는데요. 2만~3만 5000년 전 아시아에서 베링해협을 거쳐 북아메리카로 건너온 사람들이 널리 퍼져 살고 있었습니다. 유럽인이 처음 발을 디뎠을 때 그곳을 인도의 동해안이라고 믿어 원주민을 인디언이라고 불렀지요.

유럽의 신분제도에 억압당하며 살아온 백인들은 배를 탈 여비만 마련되면 고향을 버리고 신대륙으로 갈 희망을 품었습니다. '신대륙'에선 계급 간 장벽이나 신분 차별이 없어 누구나 인간으로서 기본적인 권리를 누릴 수 있었기 때문이지요. 종교적 자유도 한몫했습니다. 영국의 청교도들이 종교적 탄압을 피해 '메이플라워호' 배를 탔지요. 가톨릭은 북아메리카 대륙의 메릴랜드에서, 퀘이커는 펜실베이니아에서, 위그노는 북부에서 종교의 자유를 누릴 곳을 찾았습니다.

물론, 아메리카 이주민들을 '자유의 추구'로만 설명할 수는 없습니다. 정치적 박해를 피하여 도피한 사람도 있었지만, 죄를 짓고 유형당한 사람, 새로운 땅에서 재산을 모아보려는 모험가, 군인으로 근무하고 퇴역한 뒤 다시 돌아온 사람들을 비롯해 여러 계급과 계층이 섞여 있었습니다. 그만큼 유럽 대륙과 견주면 진취적이었고 활기찼다고 볼 수 있지요.

식민지 이주자들 가운데 영국인들이 가장 성공을 거뒀습니다. 1607년에 영국인들이 세운 제임스타운은 북아메리카 최초의 정착지로서 버지니아 식민지의 토대가 되었지요.

영국은 아메리카에 13개의 식민지를 만들어 이주민들이 풍부한 토지를 무상으로 소유할 수 있도록 했고 자유와 관용을 약속했기에 점점 유럽의 많은 사람들이 모여들었습니다. 1770년을 앞뒤로 5년 동안에 아일랜드에서만 4만 4000여 명이 북아메리카로 떠났지요. 영국과 스코틀랜드의 해안에서도 해마다 수만 명이 고향을 버렸습니다.

처음에 영국은 식민지에 별다른 간섭을 하지 않았습니다. 이주민들은 의회를 구성하고 스스로 문제를 해결해 나가고 있었지요. 그런데 북아메리카를 두고 영국과 프랑스 사이에 전쟁이 벌어집니다.

더 많은 땅을 차지하려는 탐욕 때문이었지요.

　영국은 프랑스와 7년에 걸쳐 치른 전쟁 비용을 식민지에서 세금을 더 거둬 해결할 생각이었습니다. 영국 정부는 "너희도 전쟁으로 이득을 보았으니 당연히 그 채무의 일부를 부담해야 마땅하다"는 논리를 폈지요. 1764년에 제정한 '설탕법'은 영국으로 수입되는 당밀은 물론 포도주, 커피, 견직물의 수입에 대해서도 관세를 부과하는 것으로 이전의 관세와는 달리 국가의 세수입을 늘리려는 것이 주목적이었습니다. 식민지인들은 강력히 반대했지만 영국 정부는 전혀 아랑곳하지 않고 1765년에 인지세법Stamp Act을 제정했습니다.

　아메리카에서 사용되는 모든 서류, 증권, 은행권, 광고 들에 1/2페니에서 1파운드에 이르는 인지를 의무적으로 첨부케 했습니다. 설탕과 차에 세금을 부과하고, 공공 기관에서 공식적으로 작성한 서류와 출판물에 세금을 내게 했지요.

　이주민들은 영국 정부의 행태에 비판의식이 커져갔습니다. "대표 없이 세금도 없다No taxation without representation"라는 말이 빠르게 퍼져갔지요. 사실 인지의 가격은 미미해서 그 자체로 큰 부담은 아니었습니다. 하지만 자신들의 대표가 참석하지 않은 영국 의회에서 일방적으로 결정해 강제하는 세금은 받아들일 수 없다는 공감대가 퍼져갔지요.

　인지세법에 맞서 북아메리카 이주민들은 '자유의 아들들'이라는 단체를 조직해 시위를 벌이기 시작했습니다. 인지세를 반대하는 투쟁이 곧 13개 모든 식민지에 퍼졌고, 영국 상품 불매운동으로 번졌습니다.

영국 의회는 식민지의 움직임이 심상치 않다고 판단해 1년 만에 인지세법을 폐지했습니다. 동시에 "우리들만이 식민지인들에게 적용되는 법을 제정할 권한을 갖고 있다"는 법을 제정했습니다. 이주민들은 반발했지요. 영국 의회에 자신들의 대표자가 한 사람도 없는데, 왜 그 법을 따라야 하느냐는 물음을 묻어둘 수 없었습니다.

인지세법은 없어졌지만 영국 상품 불매운동은 이어졌습니다. 영국에서와 달리 차 대신 커피 마시기 운동을 벌인 것도 그 맥락이었습니다. 그럼에도 영국의 동인도회사가 북아메리카에 계속 차를 들여오자 이주민들은 행동에 나섭니다. 보스턴 항구에 정박한 동인도회사 배를 기습해 실려 있던 차를 모두 바다에 던졌지요. 1773년에 일어난 보스턴 차 사건Boston Tea Party입니다.

영국 정부는 좌시하지 않았습니다. 난동으로 규정하고 보스턴 항구를 봉쇄하며 강경하게 나섰습니다. 영국군의 보스턴 포위 소식이 식민지 전체에 알려지자 식민지인들은 분노했습니다.

13개 식민지 대표들은 1774년 필라델피아에서 제1차 '대륙회의'를 열고 영국 의회의 식민지에 대한 입법권을 정면 부정할 뿐만 아니라 통상 중지를 결의했습니다. 곧이어 영국 군대와 식민지 민병대가 무력 충돌하며 독립 전쟁의 막이 올랐지요.

전쟁 초기에는 영국군이 우세했습니다. 하지만 이주민들은 독립하겠다는 의지와 열정으로 힘을 모아갔고, 영국의 경쟁자인 프랑스와 스페인의 지원까지 더해지면서 승리할 수 있었습니다.

보스턴 차 사건을 그린 석판화.

 1783년에 영국이 13개 주의 독립을 '승인'하며 드디어 독립을 이뤘습니다. 본디 왕 제도가 없었고 개척한 식민지였기에 독립을 이루면서 '국왕이 없는 나라'를 세울 수 있었습니다. 북아메리카 대륙은 유럽에 비하여 제도적 모순이 심각하지 않았고 특권계급의 세력도 약했거든요.

 미합중국United States of America을 세운 독립 전쟁은 단순한 전쟁이라기보다 새로운 시대를 예고하는 역사적인 사건이었습니다. 영국의 지배를 무력으로 거부하고 공화국을 세웠다는 점에서 독립 전쟁은 혁명이었습니다.

 독립 전쟁을 주도한 사람들은 왕이 아니라 민중에게 주권이 있다는 '민중 주권'의 계몽사상을 현실로 만들었습니다. 자유와 평등이 구체적인 정치 목표로 등장했지요. 독립을 쟁취한 식민지 대표들은 새로운 헌법을 만들었습니다. 각 주가 의회를 두고 자치를 하고, 외국과의 조약처럼 중요한 문제만 중앙의 정부가 관리하는 '연방제'를 명문화했습니다.

무엇보다 왕이 아닌 대통령과 의회가 나라를 이끌어가는 시대를 열었습니다. 새 헌법에 따라 첫 대통령이 된 사람은 독립 전쟁을 이끌었던 워싱턴이었지요. 미국의 독립혁명은 유럽 역사의 연장선에서 계몽사상의 영향을 받았지만, 독립혁명과 공화국 수립은 거꾸로 유럽에 영향을 끼쳤습니다. 왕의 독재에 여전히 시달리던 유럽, 특히 프랑스 민중에게 큰 자극을 주어 프랑스대혁명이 일어나는 데도 일정한 기여를 했습니다.

독립혁명을 이룬 미국의 정치 제도는 많은 나라에 영향을 주었습니다. 21세기 현재 미국이 시작한 대통령제를 선택하는 나라들이 많습니다.

지금까지 영국 명예혁명, 프랑스대혁명, 미국 독립혁명에서 살펴보았듯이 시민혁명은 새로운 시대를 열었습니다. 바로 그 시민혁명을 산모로 해서 선거가 탄생했습니다. 인류의 오랜 왕정의 역사가 민주주의로 넘어가는 전환점에서 선거가 고고한 탄생의 울음을 터트린 거죠. 탄생한 선거에는 혁명의 피가 묻어 있었습니다.

새내기
주권자를
위한

2

투표와 민주주의 성장

투표의
지혜

대서양을 건너 북아메리카로 이주한 유럽인들은 영국 왕의 식민지 백성이기를 거부하고 독립전쟁에 나섰을 때 자신들이 왜 싸우며 무엇을 이루려 하는가를 당당하게 천명했습니다. 바로 미국 독립선언문입니다. 미국은 선언문을 발표한 1776년 7월 4일을 독립기념일로 삼고 있습니다. 해마다 7월 4일이 돌아오면 미국 전역은 축제와 불꽃놀이를 즐깁니다. 미국 대통령 집무실인 백악관에서 고기를 굽는 '바비큐 파티'를 열며 초청 가수의 열창을 함께 감상합니다. 각 주에서도 전통적인 지역 축제를 벌이고 기념 퍼레이드와 연주회를 열지요.

독립선언문에 담긴 민주주의

민간 행사 가운데 하나가 독립선언문 낭독입니다. 미국 독립선언문은 단순히 영국의 통치로부터 독립을 선언한 문서에 그치지 않습니다. 세계 최초로 민중이 정부를 선택할 권리가 국가기관을 통해 공표되었다는 의미를 지닙니다. 독립선언문은 비단 미국에 그치지 않고 그 뒤 세계 여러 지역에서 근대국가들이 출현하고 독립할 때에 이론적 토대가 되었습니다.

영국의 계몽사상가 존 로크의 사상을 기반으로 토머스 제퍼슨이 초안을 작성한 독립선언문의 파장은 컸습니다. 프랑스대혁명의 인권선언에도 영향을 끼쳤으니까요. 독립선언문을 직접 음미해볼 필요가 있겠지요. 중요한 대목은 고딕으로 강조했습니다.

우리는 다음의 사실을 자명한 진리로 확신한다. 모든 사람은 태어나면서부터 평등하고, 누구도 뺏을 수 없는 권리를 조물주^{Creator}로부터 받았으며, 그 권리에는 생명과 자유와 행복을 추구할 권리가 포함된다. 그 권리를 확보하기 위해 인류는 정부를 조직했으며 권력의 정당성은 피통치자의 동의에 연유한다.

어떠한 형태의 정부도 그러한 목적을 파괴할 때에는 정부를 바꾸거나 없애버려 새로운 정부를 수립하되 민중이 자신의 안전과 행복을 가장 잘 이룰 원칙에 입각하여 토대를 마련하고, 그런 형태로 권력을 조직하는 것은 민중의 권리 the right of the people이다.

사실 신중하려면 오래된 정부를 사사로운 일시적 이유로 바꿔서는 안 될 것이다. 또 여러 경험에 따르면 인류는 악폐라 할지라도 그 것을 견딜 수 있는 동안은 자신에게 익숙한 정부 형태를 폐기함으로써 그러한 악폐를 시정하기보다는 오히려 참고 견디려는 경향이 있다.

그러나 부조리와 권리 침해를 끊임없이 일삼음으로써 절대적인 전제 아래 두려는 목적이 분명할 때 민중은 그 정부를 떨쳐버리고 자신들의 미래의 안전을 지켜줄 새로운 호위대new guards를 마련할 권리와 의무가 있다. 식민지에서 참을성 있게 고통을 견디어 온 민중들은 낡은 정부 체제를 바꾸어야 할 필요성에 직면해 있다.

대영제국의 현 국왕의 역사는 오직 절대적 전제 체제를 강제하려는 직접적 목적만을 지니고 위해와 권리침해를 되풀이한 역사이다. (…) 모든 억압 행위에 대해 우리는 가장 겸허한 표현을 사용하여 시정을 청원하곤 했다. 그러나 청원할 때마다 그 대답은 위해의 되풀이였다. 폭군이라고밖에 볼 수 없는 그 모든 행동에 의해 그 성격이 드러난 왕은 자유로운 민중의 통치자가 되기에는 부적절하다.

역사가들은 독립선언문이 새로운 사상을 창조하거나 새로운 감정을 표현했다고 평가하지는 않습니다. 오히려 북아메리카로 이주한 유럽인들이 미국을 건국하는 과정에서 유럽에서 빚어진 계몽사상과 민주주의 사상이 없었다면 불가능했다고 입을 모으지요.

그럼에도 제퍼슨이 초안을 잡은 독립선언문이 민주주의 사상을 또렷하고 간명하게 담아냈다는 평가에 인색할 이유는 없습니다. 무엇보다 독립선언문은 그때까지 이론에 머물고 있었던 민주주의 체제를 현실로 구현하는 밑그림이었습니다.

미국 독립혁명의 그림인 독립선언문은 프랑스의 인권선언문[1789]에도 영향을 주었는데요. 미국 독립선언문 못지않게 프랑스의 인권선언문도 읽어볼 가치가 충분합니다. 두 선언문이 나오던 시기에 조선왕조의 모습과 견주어보면 그 의미가 구체적으로 다가올 수 있을 것입니다.

이 선언이 뜻한 바는 사회의 모든 구성원으로 하여금 언제나 그들의 권리와 의무를 끊임없이 떠올리게 함이다. (…)

제1조 인간은 자유롭고 평등하게 태어나서 생활할 권리를 가진다. 사회적 차별은 공적인 이익을 근거로 해서만 있을 수 있다.

제2조 모든 정치적 결사의 목적은 인간의 자연적이며 시효에 의하여 소멸할 수 없는 권리들을 보전함에 있다. 이 권리들이란 자유, 재산, 안전 및 압제에 대한 저항이다.

제3조 모든 주권의 근원은 본질적으로 민중에 있다. 어떤 단체나 어떤 개인도 명백히 민중에서 비롯하지 않는 권력을 행사할 수 없다.

제4조 정치적 자유는 타인을 해치지 않는 한 무엇이든지 할 수 있음이다. 그러므로 저마다의 자연적 권리의 행사는 사회의 다른 구성원에게도 같은 권리를 향유하도록 보장하기 위한 제한 이외에는 제약을 받지 아니한다. 이 제약은 법률에 의해서만 규정된다.

제5조 법은 사회에 해로운 행위가 아니라면 금지할 권리를 가지

지 아니한다. 법에 의하여 금지되지 않는 것은 어떤 일이라도 방해되지 않으며, 또 법이 명하지 않은 것은 누구에게도 강요할 수 없다.

제6조 법은 일반 의지의 표현이다. 모든 시민은 개인적으로 또는 대표자를 통하여 입법에 참여할 권리가 있다. 법은 보호하는 경우에나 벌하는 경우에나 모든 사람에게 똑같아야 한다. 모든 시민은 법 앞에 평등하므로 그 능력에 따라서 그리고 덕성과 재능 이외에는 차별이 없이 모든 영예와 공공 지위와 직무에 평등하게 취임할 수 있다.

인류가 인권선언문을 내오기까지 참으로 오랜 세월이 걸렸습니다. 우리는 '인권'이라는 말을 하도 많이 들었기에 그 의미를 정확히 짚지 않고 흘려버리기 십상인데요. 인권이란 말 그대로 인간의 권리입니다.

미국의 독립선언문과 프랑스대혁명의 인권선언문은 인간은 모두 평등하게 태어나며 자유롭고 행복할 권리가 있다는 명제와 그 권리를 확보하기 위해 정부를 수립하는 것이기에 피통치자의 동의가 우선이라는 명제, 자신들의 안전과 행복을 가장 잘 이룰 정부를 조직하는 것은 민중의 권리라는 명제들을 공유하고 있습니다.

그럼 선언문에 나타난 민주주의 사상이 실제로 역사에서 어떻게 구현되었는지를 살펴볼까요. 대통령제를 구현한 미국 독립혁명부터 짚어보죠.

노예제와 "만인의 평등"

1787년 미국이 연방헌법을 제정하며 '대통령'이 역사에 처음 등장했지요. 오늘날 현대인들이 당연하고 자연스럽게 여기는 민주주의 헌정 원리가 처음으로 현실 정치에서 구현된 셈입니다.

독립전쟁을 치른 북아메리카 이주민들은 더는 영국 식민지에 거주하던 유럽인들이 아니었습니다. 자신들을 통치할 정치권력 체제를 스스로 결정하고 그 결정을 영구화하려고 미국 헌법을 성문화한 주권자였습니다.

다만 독립전쟁에 나설 때부터 대통령제를 의도했던 것은 아닙니다. 처음에는 영국의 식민지 이주민답게 입헌군주제를 가장 훌륭한 정치제도로 여겼습니다. 그런데 독립전쟁을 벌이는 과정에서 더는 영국의 군주를 인정할 수 없었지요. 영국의 입헌군주제보다 더 훌륭하다고 평가받을 만한 제도를 마련해야 했습니다.

1787년 미국의 제헌회의에 참석했던 헌법제정자들은 왕이 없는 상황에서 만능의 권력을 휘두를 수 있는 입법부를 제한해야 한다고 생각했습니다. 토론을 통해 합의한 제도가 대통령제입니다.

독립선언문과 함께 대통령제도는 당시에 혁명적이었습니다. 하지만 더 중요한 문제는 그 선언을 얼마나 실천했는가에 있습니다. 무엇보다 미국 독립선언문은 본디 그 땅의 주인이던 아메리카 선주민들을 '인간'으로 여기지 않았습니다. 인간은 모두 평등하게 태어났다고 주장했지만 그들에게 인간은 백인이었고 그중에서도 남성이었습니다.

다름 아닌 독립선언을 한 바로 그해에도 선주민들을 습격했고 독립 전쟁에서 이긴 뒤에도 끊임없이 선주민들의 땅을 빼앗거나 그들의 마을을 몰살시켜 갔습니다.

비단 선주민들만이 아닙니다. 미국 독립선언문을 구현하는 역사적 대통령제에 처음 오른 조지 워싱턴의 삶을 잠깐 엿볼까요.

워싱턴은 영국에서 미국 버지니아로 이주해 부를 축적한 이민자의 후손이었습니다. 성장해서는 영국이 프랑스와 벌인 전쟁에 참전했고 선주민과의 전쟁에도 나섰습니다. 미국이 독립선언을 하자 영국은 대전함을 앞세운 정예부대 3만 명을 아메리카 대륙에 파병했습니다. 그에 맞서 싸운 독립군의 사령관이 워싱턴이었지요.

초대 대통령으로 '건국의 아버지'로 불리는 워싱턴이 살았던 집은 지금도 미국의 유명 관광지입니다. 그의 이름을 딴 수도 워싱턴에서 그리 멀지 않은 거리에 자리 잡고 있습니다.

국가 사적지이기에 당시 모습 그대로 보존된 워싱턴이 살던 집은 방이 21개나 있는 대저택입니다. 대저택 주변에는 '감독관의 숙소'가 있고 '노예들의 숙소'라는 팻말이 붙은 헛간도 있습니다. 워싱턴이 대통령 임기를 마치고 돌아와 1799년에 죽을 당시 이 집에는 318명의 노예들이 살고 있었습니다.

워싱턴은 11살에 아버지로부터 노예 10명을 상속받고 기회 닿는 대로 노예를 늘려갔습니다. 결혼 당시 '미망인'이던 아내가 노예 150명을 데리고 왔지요.

워싱턴의 '노예 축적'을 그가 살던 시대적 한계나 부유한 가문 출신 탓이라고만 보기 어려운 사실들이 있습니다. 당시 북부의 몇몇 주들에서는 이미 노예제도에 대한 비판 여론이 높았거든요. 그래서 6개월 이상 한 곳에서 일한 노예를 풀어주는 법이 제정된 주도 있었습니다. 그러자 워싱턴은 자기가 부리던 노예들을 6개월마다 다른 곳으로 옮겨가 일하게 하는 편법까지 씁니다. 노예를 풀어줄 생각은 조금도 없었던 거죠. 가까스로 도망친 노예들을 끝까지 쫓아가기도 했습니다.

　　대통령이 되어서도 노예를 부린 워싱턴은 심지어 주변의 다른 농장주들에 비해 더 가혹했다는 공식 기록도 있습니다. 노예들을 채찍으로 때리기도 했고 더러는 서인도제도의 노예 상인들에게 팔아넘겨 가족들 사이를 떼어놓는 몰인정한 행태마저 저질렀습니다.

　　죽음을 맞아서야 유언을 통해 모든 노예를 풀어주라 했지만 거기에도 의혹의 시선을 보내는 학자들이 있습니다. 재산을 물려줄 직계 자손이 없어서라는 분석과 함께 워싱턴이 흑인 여자 노예와의 사이에서 낳은 자식이 노예로 있어서였다는 추정이 나오고 있습니다.

　　미국의 초대 대통령이자 세계사에서 대통령직을 맡은 첫 인물인 조지 워싱턴이 노예를 대한 방식은 미국 독립선언문과 사뭇 결이 다릅니다. 그나마 21세기 미국인들이 그 사실을 외면하거나 부정하지 않고 있는 것은 다행입니다.

　　2016년에 미국의 어린이책 출판사가『조지 워싱턴의 생일 케이크』라는 동화책을 출간했는데요. 워싱턴의 흑인 요리사 허큘리스

미국의 한 농장에서 목화를 따고 있는 흑인 노예들(1730년대). 출처: 위키피디아.

가 설탕이 떨어진 상황에서 주인의 생일 케이크를 만들며 행복감에 젖어든 이야기를 담았습니다. 양심 있는 미국인들이 동화의 문제점을 지적하자 출판사와 작가는 "미국에서 노예제는 엄청난 불의였지만 내가 고증한 바에 따르면 조지 워싱턴의 주방에서 일했던 사람들은 그런 지위의 사람을 위해 요리할 수 있는 것에 매우 큰 자부심을 느끼고 있었다. 그래서 그들을 행복한 모습으로 그렸다"거나 "어떻게 그들이 웃을 수 있느냐, 비참하지 않을 수 있느냐, 워싱턴의 케이크 굽는 것을 자랑스러워할 수 있느냐고 묻는다. 그 답은 인간 본성의 복잡함에 있다. 일부 노예들은 주인과 가까운 관계를 맺고 다른 노예들보다 좀 더 나은 삶의 질을 누렸다. 그들은 그러한 이점을 자기 삶을 개선하는 데 이용할 정도로 영리했다"고 주장했습니다.

출판사와 작가의 해명은 더 분노를 자아냈습니다. 이윽고 출판사는 "노예들이 살았던 현실에 대한 그릇된 인상을 심어줄 것으로 판단해 이 책을 회수한다"는 성명을 냈지요.

흑인들만도 아니어서 여성들마저 참정권을 얻지 못했습니다. 모든 인간은 평등하게 태어났다는 미국의 독립선언문은 정확히 말해서 백인 남성들에 국한된 주장이었습니다.

모두를 위한 참정권

불평등한 현실에 눈을 감은 채 모든 인간의 평등한 권리를 주장한 것은 프랑스도 마찬가지였습니다. 프랑스는 역사적 조건부터 달랐습니다. 신생국 미국과 달리 프랑스는 왕정이 오랜 전통으로 이어져 왔으니까요.

물론 프랑스대혁명은 왕과 왕비의 목을 단두대에서 한칼에 잘라 버렸습니다. 하지만 왕의 역사는 단숨에 물러가지 않았지요. 왕들은 빈틈이 보일 때마다 다시 복귀하고 그때마다 파리는 피로 물들었습니다.

프랑스에서 왕권이 완전히 물러난 시점은 1789년에서 100여 년이 지나서입니다. 1848년 혁명과 1871년의 파리코뮌 투쟁 때 파리는 말 그대로 '피바다'였습니다.

피비린내 진동하는 긴 투쟁을 거치면서 근대 민주주의가 뿌리내렸습니다. 바로 그 점에서 단두대는 민주주의의 출발점이라고 볼 수 있습니다. '민주주의는 피를 먹고 자라는 나무'라는 말은 단순한 수사가 아니었습니다. 그 명제는 좌파나 우파의 역사관 문제도, 진보와 보수의 문제도 아닌 객관적이고 역사적인 사실입니다.

인류가 기나긴 투쟁을 통해 혁명을 이루고 나서도 왕과 그의 일족들이 피의 보복을 하며 왕권을 회복하고, 다시 민중의 피가 강물을 이룬 투쟁으로 왕을 쫓아내는 역사가 되풀이되었으니까요. 바로 그런 과정을 거쳐 민주주의의 어린 나무가 성장해갔습니다.

우리는 그 역사적 진실을 투표권에서 확인할 수 있습니다. 시민혁명이 일어난 영국, 미국, 프랑스를 비롯해 우리가 선진국이라 부르는 많은 유럽 국가들은 왕을 몰아낸 뒤 투표권을 모든 사람에게 주지 않았습니다.

일정 재산이 있는 백인 성인 남성만 투표권을 얻었습니다. 미국은 납세 능력이 있는 21세 이상의 백인 남성만 투표할 수 있었습니다. 건국하고 100년 남짓 지난 1870년이 되어서야 흑인, 그것도 일부 흑인 남성에 한해 투표권을 주었습니다. 여기서 '일부 흑인 남성'이라고 쓴 이유는 그로부터 100년 가까이 흑인들에게 투표권을 주지 않으려고 온갖 편법을 썼기 때문입니다. 특히 미국 남부에서 그랬는데요. 흑인들에게 투표권을 얻으려면 돈을 내라거나 '문맹 시험'을 투표의 조건으로 삼거나 처음에 투표권을 인정받은 자손들만 투표를 행사할 수 있게 하는 반민주적 행태를 1960년대까지 이어갔습니다.

흑인들의 투표권 투쟁은 점점 격화되었습니다. 1964년 4월 흑인 운동가 맬컴 엑스는 연설에서 "투표권이 아니면 총알을, 자유가 아니면 죽음을 달라"고 외쳤습니다. 맬컴 엑스는 이듬해 백인 인종차별주의자의 총에 끝내 죽음을 당했습니다만, 모든 흑인들이 마침내 투표권을 행사할 수 있게 되었습니다.

여성들은 1920년에서야 수정헌법 19조를 통해 투표권을 쟁취했습니다. 그 과정에서 미국 여성들은 대통령이 머무는 백악관 앞에서 투옥을 감수하며 온몸을 쇠사슬로 묶는 시위를 벌였습니다.

영국의 선거권과 피선거권도 처음에는 돈과 여가를 가진 지주층에게만 부여됐습니다. 하지만 산업혁명으로 도시 유권자들이 늘어나자 중산층에 한해 1832년 참정권을 주었습니다. 중산층의 기준은 '1년에 최소 10파운드를 집세로 내는 가구주'였습니다.

영국의 선거권은 〈표 1〉에서 볼 수 있듯이 단계적으로 확대되었습니다.

〈표 1〉 영국의 투표권 확대 과정

시기	내용
1800년대 초기	귀족과 부자만 투표권 인정
1832년 선거법	중산계급에 투표권 인정(총인구 3퍼센트인 65만 명이 투표권을 가짐)
1867년 선거법	도시 소시민과 노동인까지 확대(총인구 7퍼센트인 200만 명으로 증가)
1848년 선거법	농부와 광부의 투표권 인정(총인구 12~13퍼센트인 440만 명으로 증가)
1918년 선거법	30세 이상의 부인에 투표권 인정
1928년 선거법	모든 성인 남녀에 투표권 인정(보통선거제 확립)

Buried in Snow 79 Hrs., Lives

Los Angeles Times

MALCOLM X GUNNED DOWN

흑인 운동가 맬컴 엑스의 죽음을
보도한 신문(1965년).

　영국 여성들의 투표권은 중산층 남성들이 얻은 뒤 다시 100년 가
까운 싸움 끝에 실현되었습니다. 우리가 1장에서 살펴본 에밀리 데
이비슨의 죽음이 기폭제였지요. 프랑스, 벨기에, 그리스, 이탈리아
여성들이 투표권을 갖게 된 것은 2차 세계대전 직후인 1945년이었
습니다.

〈표 2〉 세계 각국의 보통선거제 실시 시기

구분	프랑스	영국	미국	독일	이탈리아	일본	한국
남자	1848년	1918년	1870년	1870년	1912년	1925년	1948년
여자	1946년	1928년	1920년	1920년	1945년	1945년	1948년

〈표 2〉에서 볼 수 있듯이 사회 구성원 모두에게 보통선거제를 실시한 시기는 우리가 예상했던 것보다 늦습니다.

여기서 다시 짚어볼까요? 어떻게 모든 사람이 투표권을 갖게 되었을까요?

상공인 계급의 투표권 독점

진실은 명쾌합니다. 우리도 투표권을 달라는 투쟁이 줄기차게 이어졌기 때문입니다. 평등한 한 표의 권리를 쟁취하기 위해 많은 이들이 목숨을 걸고 싸웠습니다. 선거권이 한 차원 더 확대될 때마다 수많은 민중이 피를 흘렸지요. 선거권의 확대는 피를 먹고 자라는 나무의 한 가지였습니다.

민주주의를 연 시민혁명의 일차적 주체는 상공인들이었고, 그들이 왕과 귀족의 신분제 나라에서 세력을 형성해나가는 과정에서 자본주의가 보편적 경제체제로 자리 잡아갔습니다.

새삼스럽지만 자본주의는 말 그대로 자본이 중심이 되는 사회입니다. 자본이 중심이 되는 사회가 형성되는 과정에서 상공인들은 세금 부과를 비롯해 여러 가지를 규제하는 정치권력으로부터 통제당하고 있다는 생각이 지배적이었기에, 자연스럽게 '자유'를 내걸었습니다. 경제적 부로 세력을 형성한 상공인들 사이에 왕족과 귀족의 정치 독점에 대한 비판이 퍼져가면서 그들은 마침내 정치 참여를 위한 행동을 모색하고 시민혁명을 이뤘지요.

토지에 바탕을 둔 신분제적 정치 질서가 무너지면서 상공인들이 주체가 된 자본주의 체제는 본격적으로 뿌리내리기 시작했습니다. 상공인들과 그들이 축적한 자본이 더 많은 이익을 좇아 모든 부문으로 침투하면서, 자본의 이윤 추구 논리가 모든 걸 변화시켜갔습니다.

자본주의의 발전은 그러나 민주주의의 성숙으로 곧장 이어지지는 않았습니다. 왕권에 맞서 시민혁명을 이룰 때 상공인들은 자신들이 고용하고 있던 노동인들을 선동해 평등의식을 심어주고 혁명의 대열에 앞장세웠는데요. 시민혁명에 성공한 뒤 그들은 자신들의 경제력과 정치권력을 지키기 위해 자신들이 고용하고 있던 노동인들은 물론, 농민이나 빈민의 정치 참여를 원천적으로 배제해야겠다고 판단했습니다. 왕정을 무너트리는 데 앞장선 민중이 다수였기에 그들에게 아무런 제약 없이 참정권을 준다면 권력을 빼앗길 수 있다는 '계산' 때문이었지요.

역사적 전개 과정이 생생하게 입증해주듯이 상공인들은 올곧은 민주주의자는 아니었습니다. 왕족과 귀족이 누리던 정치적 특권을 빼앗을 생각은 아주 강렬했지만, 자신들이 누리고 있던 경제적 권력이나 새롭게 손에 넣은 정치권력을 나눌 의지는 아주 부족했습니다.

상공인들은 왕으로부터 빼앗은 국가 주권을 자신들의 특권으로 챙겼습니다. 국민주권이나 주권재민이란 말은 민중을 시민혁명의 전선으로 이끌어내는 '구호'에 머물렀지요.

시민계급의 한계를 뚜렷이 확인할 수 있는 '증거'가 앞서 살폈듯이 투표권입니다. 자유와 평등과 우애를 내걸고 시민혁명으로 왕을 단두대에 올렸으면, 당연히 모든 국가의 구성원이 왕을 대신할 지도자를 투표로 뽑는 데 참여해야 옳겠지요.

하지만 상공인들은 자신들이 고용하고 있던 노동인들에게 투표권을 주는 데 더없이 인색했고 더 나아가 전투적이었습니다. 그 상징적 사건이 프랑스의 1848년 혁명입니다. 투표권과 평등을 요구하는 노동인들은 잔인하게 살육당했지요. 자유 못지않게 평등을 외

1848년 2월 선거권 확대를 요구하는 파리 민중의 투쟁 장면을 그린 포스터.

친 혁명은 실패했습니다. 노동인들의 피로 물든 파리에서 상공인들은 지배체제 재정비에 나섰지요. 자신들의 권력을 지키려면 어느 정도 노동인들의 요구를 수용해야 했습니다. 그래서 여성을 제외하고 모든 남성에게 투표권을 확대했는데요. 당시로서는 정치의식이 약하다고 판단한 농민들까지 투표권을 주면 얼마든지 자신들의 지배체제를 유지할 수 있다는 계산이었지요.

나라의 최고 의사결정권자를 선거로 뽑는 초기의 민주주의가 부유한 상공인들이 주도한 자본주의와 함께 태어난 것은 엄연한 역사적 사실입니다. 바로 그렇기에 자본주의와 처음부터 갈등을 빚을 수밖에 없었지요. 돈 많은 상공인들의 주된 관심은 자신들의 이윤 추구에 있었으니까요.

독일 역사학자 볼프강 몸젠이 1848년 혁명을 분석하며 강조했듯이 "민주주의 질서 속에서 태어나 때로는 그 질서를 당연하게 주어진 것으로 간주하는 젊은 세대"들은 "오늘날 우리가 향유하고 있는 자유로운 정치사회 질서가 어떤 중대한 희생을 치르며 쟁취된 것인지"를 인식할 필요가 있습니다. 그 희생과 쟁취의 과정은 독자 개개인이 지금 거머쥔 투표권의 역사와 이어집니다.

러시아 혁명과 전 세계적인 투표권 확산

자본이 중심이 된 사회가 아니라 사람이 중심이 된 민주주의를 일구려는 운동이 근대사회 내부에서 일어나는 것은 필연이었습니다. 프랑스대혁명 뒤 200여 년을 톺아보면 자본주의 사회에서 민주주의를 일궈내려는 인간의 열정이 쉼 없이 이어져 왔음을 확인할 수 있습니다.

자본주의 사회를 인간화하고 민주화하려는 민중의 노력은 여러 갈래로 나타났습니다. 그 가운데 가장 강력한 흐름은 아무래도 노동인들을 주체로 내세운 노동운동입니다.

국내적으로 노동인들의 배제와 불평등을 구조화한 자본의 논리는 국외로 나가 식민지를 억압하고 착취하는 제국주의로 나타났습니다. 국가 안팎에서 자본의 자유는 국가 구성원인 국민의 주권은 물론이고 국가 주권마저 유린한 것이지요.

유럽과 미국의 상공인들이 주도한 체제가 제국주의로 전개되면서 가장 큰 피해자는 아시아·아프리카·남아메리카의 여러 나라 민중들이었습니다. 그에 따라 20세기에 접어들면서 세계적 차원에서 자유와 평등, 우애를 이루려는 갈망과 의지가 구체적으로 표출되기 시작했습니다.

유럽 전역의 노동인들이 점점 단결해가고 세력화하자 위기의식을 느낀 상공인들은 비로소 '양보'하기 시작합니다.

더구나 20세기에 접어들어 1917년 러시아제국에서 일어난 공산주의 혁명은 전 세계의 자본가들을 긴장시켰습니다. 자신들이 억압해온 노동인들의 정권이 얼마든지 수립될 수 있다는 가능성이 생생한 현실로 나타났기 때문입니다.

자본주의가 발달한 선진국들은 노동계급에게 '당근'을 줌으로써 불만을 완화하는 정책으로 전환했습니다. 바로 그 구체적 표현의 하나가 투표권 확대입니다. 보통 선거권을 도입하지 않을 때, 노동계급의 분노가 폭발하면서 자칫 자본주의 체제 자체가 혁명적으로 종식될 수 있다고 우려한 거죠.

　물론, 러시아혁명으로 세운 소련_{소비에트사회주의공화국연방}과 동유럽 공산주의 체제는 공산당의 일당 독재의 문제점이 쌓이면서 결국 1989년에서 1991년 사이에 모두 붕괴되었습니다. 지금 그 '공산당 체제'를 미래의 바람직한 사회로 여긴다면 시대착오적인 낡은 사고임이 틀림없습니다.

　하지만 20세기 전반기에 들어선 공산주의 체제는 자본주의 국가들로 하여금 국내적으로는 투표권과 복지를 확대하고 밖으로는 군사적 제국주의에서 벗어나도록 영향을 끼쳤습니다. 그 결과로 유럽과 미국의 제국주의 지배로부터 벗어난 아시아·아프리카·남아메리카의 여러 나라 민중들도 투표권을 가질 수 있었습니다.

새내기
주권자를
위한

3

대한민국 첫 선거

투표의
지혜

시민혁명으로 투표를 통해 대의제 민주주의를 정착시킨 미국과 유럽 국가들의 자부심은 사뭇 높았습니다. 투표로 뽑은 대표자들이 나라를 운영하면서 종래의 왕정체제와 달리 능력 있는 사람들이 국가 발전에 기여할 길이 열린 것은 사실입니다. 실제로 시민혁명 이후에 영국, 미국, 프랑스는 경제를 비롯해 여러 분야에서 눈부신 발전을 이뤘습니다. 하지만 미국과 유럽의 상공인들이 주도한 자본주의 국가들의 문제점이 안팎에서 뚜렷하게 나타나기 시작했습니다.

조선 말기 민권의식의 성장

국가 내부에선 노동인들이나 여성, 흑인들에게 투표권을 주지 않았고 외부로는 아시아·아프리카·남아메리카를 침략해 지하자

원과 노동력을 강탈하고 상품을 팔아먹을 식민지를 만들어갔습니다.

미국과 유럽 국가들이 제국주의 정책을 펴나갈 때 동아시아의 조선왕조는 쇄국정책을 펴며 중세의 신분체제를 유지하고 있었습니다. 조선 민중은 19세기 내내 민중봉기를 일으켰지만, 집권세력은 세도정치에 이어 대원군의 쇄국주의로 치달았지요.

그런데 이웃 나라 일본은 서양의 제국주의 물결에 빠르게 편승하며 군사력을 근대화해나갔습니다. 결국 조선왕조는 1910년 일본 제국주의의 식민지로 전락하고 말았지요. 그 결과, 영국의 여성들이 투표권 쟁취에 나서며 몸을 던졌을 때, 조선의 젊은 여성들은 유관순이 상징하듯이 독립운동에 나서 제국주의자들과 싸우다가 목숨을 잃었습니다.

오늘날 대한민국에는 '조선이 일제 식민지를 통해 근대화되었다'며 일본의 제국주의 침략을 정당화하는 '식민지 근대화론자'들이 국립 서울대학의 경제학과를 비롯해 곳곳에서 교수로 활동하며 젊은 세대를 가르치고 있습니다. 그들은 일본이 침략하기 이전까지 조선은 마치 세계적인 낙후 국가처럼 주장합니다.

과연 그럴까요? 전혀 아닙니다. 비록 우리가 식민지와 분단으로 20세기를 보내고 21세기 들어서서도 여전히 그 굴레에서 벗어나고 있지 못하지만 한국사를 톺아보면 세계적으로 가장 선진적인 체제를 이룬 시대가 있었습니다.

조선왕조의 건국 초기였던 1400년대 조선의 정치·사회·문화 체계는 당시 세계에서 가장 앞서 있었습니다. 국수주의적 주장이 아닙니다. 미국의 한국학자 브루스 커밍스의 분석이기도 합니다.

실제로 세계사의 15세기를 보면 조선만 한 나라를 찾기 힘듭니다. 유럽의 모든 나라는 아직 국가의 틀을 갖추지 못한 채 영주들 중심으로 조각조각 갈라져 있었지요. '미국'이라는 나라는 아직 상상도 할 수 없었던 시기입니다.

반면에 조선은 국왕을 정점으로 맨 아래까지 물샐틈없이 강력한 중앙집권 국가를 형성하고 있었습니다. 적어도 15세기 지구에서 조선은 단연 돋보이는 '선진국'이었습니다. 중세적 질서에서 가장 선진적인 정치체제를 형성하고 있었던 거죠. 유럽은 물론, 중국이나 일본에도 15세기 조선만큼 완벽한 중앙집권 체제는 없었습니다. 우리가 잘 알고 있듯이 세종^{1397~1450}이 집권했던 시기입니다.

여기서 의문이 자연스레 제기되지요. 그렇다면 중세 국가로서는 가장 완벽하게 선진 체제를 형성했던 역량은 어디로 갔을까? 왜 다른 나라의 식민지가 되었고, 지금 이 순간도 분단을 넘어서지 못하고 있을까?

여러 원인이 있겠지만 무엇보다 15세기 이후 유럽과 조선의 역사가 다른 길을 걸어왔다는 데서 찾을 수 있습니다. 15세기에 조선이 비록 선진국이었다고 하지만 어디까지나 중세적 기준에서 그렇다는 뜻입니다. 왕족 아래에 사농공상의 엄격한 신분제도가 뿌리내리고 있었거든요. 그 아래는 천민입니다. '사농공상士農工商'이란 말이 단적으로 드러내주듯이 선비士라는 특권계급 아래 상민常民이 있고, 농업을 중시하며 상업과 공업을 천시했습니다. 돈을 버는 거상이 나타나더라도 그는 가능한 한 아들에게 자신의 '사업'을 물려주지 않으려고 했지요. 자기가 번 돈으로 '양반 편입'을 갈망했지요. 상인이나 공인이 세력화할 수 없을 만큼 강력한 중앙집권 체제가 정치, 경제, 문화로 완비되어 있었던 거죠.

유럽에 견주면 견고하게 유지하고 있었지만 전혀 변화가 없던 것은 아닙니다. 임진왜란과 병자호란을 거치면서 흔들렸지요. 아래로부터 저항도 커져가고 있었습니다. 그 흐름에서 홍길동전, 춘향전처럼 신분제도를 비판하는 근대적 문학 작품들이 창작되고 소통됩니다.

미국 독립선언문과 프랑스 인권선언문을 감상했다면 조선왕조의 두 지식인이 남긴 글도 읽어볼 필요가 있습니다. 민주주의 사상이 이 땅에서 우리 선인들 사이에 이미 주체적으로 싹트고 있었다는 생생한 증거이니까요.

먼저 소설 홍길동전의 작가 허균이 쓴 호민론豪民論입니다.

천하에 두려워할 대상은 오직 백성뿐이다. 홍수나 화재 또는 호랑이나 표범보다도 더 두려운 존재가 백성이다. 그런데도 윗자리에 있는 사람들은 백성을 업신여기면서 가혹하게 부려먹는다.

어째서 그러한가? 이미 이루어진 것을 여럿이 함께 즐거워하고, 늘 보아오던 것에 익숙하여 그냥 순순하게 법을 받들면서 윗사람에게 부림을 당하는 사람들이 항민恒民이다. 항민을 두려워할 이유가 없다.

　모질게 착취당하여 살가죽이 벗겨지고 뼈가 부서지면서도, 집안의 수입과 땅에서 산출되는 것을 다 바쳐서 한없는 요구에 이바지하느라, 혀를 차고 탄식하면서 윗사람을 미워하는 사람들은 원민怨民이다. 원민도 굳이 두려워할 이유는 없다.

　자신의 자취를 푸줏간 속에 숨기고 몰래 딴 마음을 품고서, 세상을 흘겨보다가 어떤 큰일이라도 일어나면 자기의 소원을 실행해보려는 사람들은 호민豪民이다. 호민은 몹시 두려운 존재이다.

　호민이 나라의 허술한 틈을 엿보고 일의 형편을 이용할 만한 때를 노리다가 팔을 떨치며 밭두렁 위에서 한번 소리를 지르게 되면, 원민은 소리만 듣고도 모여들어 모의하지 않고서도 소리를 지른다. 항민도 또한 제 살길을 찾느라 호미, 고무래, 창, 창자루를 가지고 쫓아가서 무도한 놈들을 죽이지 않을 수 없는 것이다. (…)

　하늘이 임금을 세운 것은 백성을 돌보게 하기 위해서였다. 한 사람이 위에서 방자하게 눈을 부릅뜨고서 계곡같이 커다란 욕심을 부리라고 한 것은 아니었다.

세상을 개혁하려다가 중세 권력의 날 선 칼날에 그 꿈을 펼치지 못한 채 비운의 생을 마감한 허균이 1610년대에 쓴 호민론은 지금도 울림이 큽니다. 그로부터 200여 년이 흐른 뒤 또 다른 '근대적 지식인'이 나타납니다. 정약용이지요. 여러 저작을 남겼지만, 투표권 논의와 관련해 주목할 글은 '원목原牧'입니다. 통치자에 대해 논한 글로 관리牧民官들이 본연의 소임을 망각하고 있음을 날카롭게 비판

'원목'이 담긴 『여유당전서』. ⓒ국립민속박물관

하고 있습니다.

목민관牧民官이 백성을 위해 있는 것인가, 백성이 목민관을 위해 사는 것인가?

백성은 곡식과 쌀, 삼과 생사生絲를 생산하여 목민관을 섬기고, 거마車馬와 하인을 내어 목민관을 보내고 맞이하며, 자신의 고혈膏血과 골수를 다 짜내어 목민관을 살찌우니, 백성은 목민관을 위해 사는 것인가? 아니다. 그렇지 않다. 목민관이 백성을 위해 있는 것이다.

태초의 아득한 옛날엔 백성만 있었을 뿐이니, 무슨 목민관이 있었겠는가. 그런데 백성들이 즐비하게 모여 살면서 어떤 한 사람이 이웃과 다투어 잘잘못을 가리지 못하였다. 그들은 공평한 말을 잘하는 어르신에게 가서 이 문제를 바로 잡았다.

사방 이웃들이 모두 감복했다. 어르신을 추대하여 함께 높여 이정里正이라 불렀다. 그러자 여러 마을의 백성들이 마을에서 다투어 잘잘못을 가리지 못한 문제를 가지고 준수하고 학식 많은 어르신에게 가서 바로잡았다. 그러자 여러 마을이 모두 감복해서 어르신을 추대하여 함께 높여 당정黨正이라 불렀다.

여러 당黨의 백성들이 당에서 싸워 잘잘못을 가리지 못한 문제를 가지고 어질고 덕이 있는 어르신에게 나아가 바로잡았다. 여러 당이 모두 감복하여 주장州長이라 이름했다.

그러더니 여러 주州의 주장이 한 사람을 추대하여 장長으로 삼아 국군國君이라 이름하고, 여러 나라의 국군이 한 사람을 추대하여 장으로 삼아 방백方伯이라 이름하고, 사방의 방백이 한 사람을 추대하여 우두머리로 삼고 그를 황왕皇王이라 이름 하였다. 황왕의 근본은 이정에서 시작되었으니, 목민관은 백성을 위해 있는 것이다.

19세기 조선의 지식인 정약용의 '원목'에는 왕정을 넘어 아래로부터 대표를 선출하는 투표권에 대한 긍정적 사색이 담겨 있습니다.

대동단결선언과 임시정부 수립

조선왕조 내부에서 중세 신분체제를 넘어서려는 움직임은 허균과 정약용 같은 지식인들만이 아니었습니다. 홍경래의 봉기에서부터 전봉준을 지도자로 한 동학혁명에 이르기까지 아래로부터 민중의 투쟁이 100여 년 내내 이어졌습니다. 보수적 역사학자든 진보적 학자든 19세기를 '민란의 세기'라고 부르는 이유이지요.

마침내 동학혁명은 정면으로 신분제 철폐를 요구했고, 고종과 민비가 자초한 일본군의 개입으로 혁명은 실패했지만, 그해에 갑오개혁을 통해 신분제는 종언을 고합니다.

물론, 아직 투표를 도입할 단계는 아니었습니다. 아래로부터 신분제를 뒤엎는 혁명이 성공한 것은 아니기 때문입니다.

갑오농민전쟁은 아래로부터의 혁명 가능성을 충분히 보여주었지만 제국주의 외세의 개입으로 산산조각 났습니다. 일본은 충청도 감영이 있던 공주로 북상하던 갑오농민군을 우금티에서 기관총을 이용해 대량으로 학살했습니다.

대부분 죽창으로 무장했던 농민군은 기관총 앞에 속수무책으로 당할 수밖에 없었습니다. 조선의 자주적 근대화가 꺾이는 역사적 전환점이었습니다.

갑오농민전쟁의 패배 뒤 나라의 운명은 급속도로 기울기 시작했습니다. 500여 년 넘게 이어온 조선왕조는 대한제국으로 탈바꿈을 시도하며 연명을 꾀했지만 1910년 8월 멸망합니다.

대한제국은 사라졌지만 왕족과 이완용 따위의 매국노들은 일본 제국주의의 귀족이 되어 '식민지 조선'에서 부귀영화를 누렸습니다. 하지만 역사의 흐름은 그들이 감히 들여다볼 수 없는 깊은 곳에서 새로운 시대를 선포하고 있었습니다.

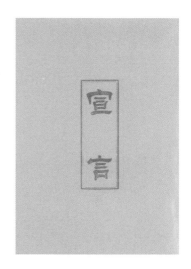

대동단결선언(1917년). ⓒ독립기념관

조선왕조가 무너지며 일본 제국주의에 '편입'됐다는 주장에 맞서 민족사적 전통에 근거한 '주권 불멸론'이 곧바로 나타났습니다. 박은식과 신채호, 조소앙이 공동으로 서명한 '대동단결선언'은 1910 년 대한제국 융희황제^{순종}의 주권 포기를 '국민에게 주권을 넘겨준 사건'으로 정의했습니다.

망국을 바라보는 발상의 전환을 명문화한 선언인데요. 대한제국의 국민이 주권을 넘겨받아야 마땅함에도 일본 제국이 총칼로 국토를 강점했을 뿐이라며 그들의 지배를 원천적으로 부정했습니다.

우리 역사에 주권의 개념이 명료하게 자리 잡는 계기가 되었는데요. 대동단결선언은 "우리 한국은 한인의 한^韓이요, 비한인의 한이 아니"기에 한국인 사이에 주권을 주고받는 것은 역사상의 불문법이지만 한국인이 아닌 사람에게 주권을 양여하는 것은 근본적으로 무효라고 단언했습니다.

한국의 주권은 한국인끼리만 주고받을 수 있다는 논리는 명쾌했습니다. 순종이 주권을 포기했으므로 그것은 "우리 국민에 대한 묵시적 선위禪位"입니다. 선언은 "우리는 국가 상속의 대의를 선포하여 해외 동포의 단결을 주장하며 국가적 행동의 진급적進級的 활동을 표방합니다"면서 주권 수호 의지를 확실히 밝혔지요.

1917년 7월 발표된 대동단결선언은 임시정부 수립을 주창했습니다. 선언은 모든 사람이 힘을 합치는 대동단결로 일본 제국주의로부터 독립한 뒤에 '황제를 모시고 양반 중심의 왕정체제'로 다시 돌아가는 것이 아니라 주권재민의 나라를 세우자고 명토 박았습니다.

대동단결선언의 주권론은 그대로 1919년 거족적인 3·1 독립선언문과 곧 이은 대한민국임시정부의 임시헌장으로 이어졌습니다. 우리 역사에서 왕국이 아닌 민주공화국이 공식적으로 천명된 것이지요.

해방과 함께 찾아온 '역사적인 첫 선거'

1919년 대한민국 임시헌장에 주권재민과 선거 개념이 도입되었지만 국토는 일본 제국주의가 강점하고 있었기에 한계는 뚜렷했습니다. 바로 그래서 독립혁명 운동이 줄기차게 벌어졌지요.

1945년 9월 국내로 들어온
미군이 중앙청의
일장기를 내리는 모습.
ⓒ독립기념관

　일본 제국주의가 물러난 것은 그들이 탐욕적으로 벌인 이른바
'대동아전쟁'에서 미군과 소련군에게 패배했기 때문입니다.

　마침내 1945년 8월 15일 해방을 맞았습니다. 하지만 우리 힘으
로 일제를 몰아낸 것이 아니기에 38선을 경계로 각각 미군과 소련
군이 진주했지요.

　독일·일본 제국주의에 맞서 연합군을 이루고 싸웠던 미국과 소
련은 2차 세계대전이 끝나면서 세계 곳곳에서 자신들의 세력을 확
보하려고 경쟁을 벌여갔습니다. 동아시아에서도 마찬가지였지요.

　미군이 제안하고 소련이 받아들인 38선 경계도 굳어져 갔습니
다. 그나마 모스크바 3상회의를 통해 미국과 소련의 미소美蘇공동
위원회가 열렸지만, 미국과 소련이 분할해서 지배하고 있던 남과

북에서 각각 두 나라를 모델로 한 정부 형태가 만들어지기 시작했습니다.

미소공동위원회에서 합의가 이뤄지지 않자 미국은 한반도 문제를 유엔으로 가져갔지만 여기서도 미국과 소련이 대립했습니다. 결국 유엔은 호주, 캐나다, 중화민국, 엘살바도르, 프랑스, 인도, 시리아 등 9개국 대표로 구성된 '유엔 한국임시위원단'을 구성했습니다.

미국은 유엔한국임시위원단의 감시하에 38선 남과 북에서 총선을 치르고 정부가 수립되면 외국군을 철수한다는 안을 밀어붙였습니다. 위원단은 1948년 초 방한했지요. 소련 군정 당국은 그들이 38선 이북으로 들어오는 것을 거부했습니다. 그러자 그해 2월 유엔 소총회는 공산권 국가들이 불참한 가운데 유엔한국임시위원단이 주관해 '선거 실시가 가능한 남한 지역에서라도 선거를 실시하고 이를 감독한다'는 결정을 내렸습니다.

그 결과 1948년 3월 17일 미군정 법령으로 국회의원선거법을 공포했습니다. 선거일은 5월 10일로 잡혔습니다. 만 21세 이상의 모든 국민에게 선거권을 주는 보통선거, 1인 1표를 행사하는 평등선거, 비밀·직접 선거라는 민주주의 선거 원칙을 밝히며 피선거권은 만 25세 이상의 국민에게 부여했습니다.

대한민국의 투표권은 유럽이나 미국과 달리 모든 국민에게 일시에 참정권을 주었습니다. 재산, 성별, 인종에 따른 참정권 제약이 있다가 점차로 개선한 다른 나라보다 앞서 본격적인 보통선거를 실시한 셈입니다. 미국과 유럽에서 보통선거권이 확립되어가던 시기이기도 했지만, 국내적으로 독립운동에 나섰던 사회주의 세력이 강력했기 때문에 차별적인 선거제도를 도입할 수 없는 상황이었습니다.

1948년 3월 17일 공표하고 실제 5월 10일 선거를 치르기까지는 두 달이 남아 있었습니다. 4월 3일 제주도에서는 38선 이남만의 정부를 수립하는 선거에 반대하는 봉기가 일어났고, 해방 시점에 대한민국 임시정부 주석이던 백범 김구를 비롯한 단독정부 반대 세력은 선거 참여를 거부했습니다.

백범은 선거 준비가 한창이던 4월 19일 "나는 통일된 조국을 건설하려다가 38선을 베고 쓰러질지언정 일신의 구차한 안일을 취하여 단독정부를 세우는 데에는 협력하지 아니하겠다"고 선언하며 38선을 넘어 방북을 결행했습니다.

하지만 미군정은 선거 준비에 만전을 기했습니다. 미국에서 홍보 전문가들을 초빙하고 주한미군 아래 특별기구인 공보원을 설치했습니다. 선거 포스터와 팸플릿, 신문과 라디오방송, 주간지, 공중살 포용 전단, 영화 등을 모두 동원해 5월 10일 실시될 '역사적인 첫 번째 선거'를 알렸습니다.

'국회선거위원회'도 "이번 총선거가 유사 이래 가장 중요한 것이라는 점을 전 국민에게 인식시키기 위해 기권하는 선거인 없이 전 유권자가 투표하도록 하여야 할 것"이라고 강조했습니다. 5·10 총선거 포스터에 독립문을 그려 넣고 '총선거로 독립문은 열린다'는 문구와 함께 미 군정청 건물로 사람들이 투표하러 가는 모습을 담았습니다. '기권은 국민의 수치'라거나 '투표는 애국민의 의무'라는 문구를 써넣어 남쪽만의 단독정부를 수립하는 선거에 참여를 독려했습니다.

미군정의 독려와 첫 선거에 기대감으로 5월 10일이 다가오면서 수십 개의 정당들이 생겨났고 앞을 다투며 입후보를 세웠습니다. 경쟁률은 평균 5대 1이었습니다. 유권자 등록률도 95퍼센트에 달했습니다.

이윽고 1948년 5월 10일 오전 7시에서 오후 7시까지 전국 1만 3272개 투표소에서 역사적인 투표가 벌어졌습니다. 총 선거인 수 784만 871명 가운데 총 투표자 수 748만 7649명이라는 놀라운 수치로 95.5퍼센트 투표율을 기록했습니다. 가장 투표율이 높은 곳은 38선과 접경한 강원도였는데 총 선거인 수 46만 7554명 중 45만 9038명이 투표해 98.2퍼센트라는 압도적인 투표율을 기록했습니다.

우리 역사의 첫 선거날인 5월 10일이 축제 분위기는 아니었습니다. 선거 당일에 수류탄이 터지는 등 각종 사건 사고로 전국에서 18명이 목숨을 잃었습니다.

더구나 부정선거의 징후마저 드러났습니다. 쌀 배급 통장을 투표자 등록 현장에서 배부하는 행태가 만연했거든요. 다름 아닌 유엔 한국임시위원단의 위원장인 야심 머기가 "한국은 경찰국가일 뿐만 아니라 선거 지지파들이 경찰과 긴밀히 연계하고 지방 관청을 장악하여 완벽하게 선거를 좌지우지하고 있다"고 개탄했습니다. '강제 투표'나 '동원 투표'가 횡행했던 거죠.

대한민국 역사로 본다면 첫 선거의 의미는 더 말할 나위 없이 큽니다. 수천 년을 이어온 왕정체제를 벗어나 보통·평등·직접·비밀의 원칙을 갖춘 민주적 방식으로 공직자를 최초로 선출했으니까요.

초대 국회의 가장 중요한 임무는 헌법 제정이었습니다. 제헌국회라 부르는 이유이지요. 198명의 국회의원들은 헌법기초위원회를 조직하고 국회를 양원제로, 정부 형태는 의원내각제로 결정했습니다.

하지만 이승만이 강력히 반대했습니다. 결국 이승만의 주장에 따라 정부 형태를 대통령제로 수정한 헌법안이 1948년 7월 12일 만장일치로 통과돼 7월 17일 공포되었습니다.

제헌헌법은 대한민국이 임시정부의 법통을 계승한 민주공화국

제헌헌법 공포를 기념하여 찍은 제헌 국회의원 단체사진. ⓒ국립민속박물관

이며, 주권은 국민에게 있고, 모든 권력은 국민으로부터 나온다고
명문화했습니다. 민주공화국과 주권재민의 원리는 임시정부의 헌
법에도 있었지요. 시장경제를 지향하면서도 평등주의 이념에 따라
국가의 경제 개입을 강조해 눈길을 끕니다. 경제 여건이 어려웠음
에도 초등교육을 의무교육으로 규정했습니다.

　제정된 헌법에 따라 최초의 대통령 선거는 1948년 7월 20일에
실시됐습니다. 제헌 국회의원들이 투표권자가 되어 간선제로 치렀
습니다. 초대 대통령으로 이승만, 부통령으로 이시영을 선출하며
마침내 8월 15일 대한민국 정부 수립을 선포했습니다.

　일본 제국주의의 식민지에서 벗어나 3년 만에 38선 남쪽에서 '대
한민국'이 탄생한 거죠. '대통령'이라는 직책도 국민에게 처음으로

현실감 있게 다가왔습니다.

'초대 대통령'과 의회의 대립

'대통령'은 미국의 정치제도에서 시작한 'president'를 옮긴 말인데요. 적잖은 사회과학 개념이 그렇듯이 일본이 '대통령'으로 옮긴 번역어가 그대로 한국에 들어왔습니다. 물론, 번역어가 대통령이라는 실체에 비해 중요한 것은 전혀 아니지만 언어가 주는 의미는 우리가 통상 생각하는 것보다 큽니다.

일본에선 '통령'이란 말이 고대부터 통용되어 익숙한 말입니다. 사무라이 전통이 강한 일본에서 통령은 '무사들을 통솔하는 우두머리'를 뜻했습니다. 지금도 통령이란 말은 일본의 '신사'神社에서 발견할 수 있습니다. 가령 신사를 수호하는 신 다음에 '통령'이란 말이 나옵니다. 일본인들은 다른 나라 사람들의 직위를 옮길 때 흔하게 '통령'이란 말을 써왔습니다. 가령 중국 『수호지』에 나오는 양산박의 두령이나 로마의 '집정관'을 '통령'으로 옮겼지요. 그 연장선에서 미국의 'president'를 옮기면서 '통령'이란 익숙한 말 앞에 '큰 대'를 붙여 '대통령'이라는 번역어를 내온 건데요.

물론, 조선이나 중국에서도 '통령'이란 벼슬은 있었습니다. 하지만 조선에선 조운선물건을 실어 나르는 배 10척을 거느리는 벼슬을, 중국 청나라에선 오늘날 여단장급의 무관벼슬을 뜻했습니다. 중국과 대만은 현재 미국 대통령을 '총통'總統으로 번역해 씁니다.

우리 역사에서 '대통령'이란 말은 19세기 말 신사유람단으로 일본에 다녀온 수신사의 기록에서 처음으로 나타납니다. 일본 신문이 "미국 대통령"이라는 표현을 사용한다는 기록이 그것입니다. 더 본격적으로 등장한 시점은 3·1 독립선언 이후입니다. 상하이 임시정부가 최고 지도자의 직책으로 그 용어를 선택하면서였습니다.

중요한 것은 영어 'president'에 담긴 뜻입니다. 본디 "회의를 주재하는 사람"을 뜻합니다. 회의를 주재하다는 말인 'preside'에서 비롯했지요. 미국이 최고의사 결정권자의 직책에 그 말을 선택한 이유는 유럽의 '황제'나 '왕'과 달리 민주주의 제도에 근거한 직책임을 부각하려는 뜻이었습니다. 그 말과 대통령이라는 번역어는 큰 차이가 있다고 볼 수 있지요.

정부 수립 당시 헌법기초위원회가 의원내각제로 최종 결정한 것을 막판에 이승만이 완강하게 비틀고 나섰을 때입니다. 헌법기초위원회를 책임지고 있던 유진오가 항의하자 당시 한민당을 이끌던 친일 지주 김성수는 "대통령으로 모셔야 할 단 하나밖에 없는 후보자가 저렇게 떼를 쓰니 어쩌겠느냐"며 달랬습니다.

이승만은 여러 사람이 합의한 의원내각제를 단칼에 거부하며 대통령에 취임했고, 스스로 왕족임을 과시했습니다. 이승만은 일제강점기 내내 미국에서 활동하며 자신을 조선왕조의 '왕자'라고 과대선전했습니다.

물론, 이승만이 그의 주장대로 양녕대군의 16대손이라면 왕족의 후손이라 할 수도 있겠습니다. 하지만 양녕대군의 16대손까지 우리가 '왕자'라 부르지는 않습니다. 그럼에도 자신을 왕자라고 선전하며 다녔다는 이승만의 행태는 그의 인격을 가늠할 수 있게 해줍니다. 대통령이 되어서도 왕족임을 은근히 과시한 이승만의 언행은 집권 내내 왕권에 버금가는 권력을 휘두르는 행태로 이어졌습니다.

이승만도 대통령에 취임할 때는 "이날에 동양의 한 고대국인 대한민국 정부가 회복돼서 40여 년을 두고 바라며 꿈꾸며 투쟁해온 결실이 실현되는 것"이라 밝히고 "이 정부가 대한민국의 처음으로 서서 끝까지 변함없이 민주주의의 모범적 정부임이 세계에 표명되도록 매진할 것"을 다짐했습니다.

하지만 정부수립 이후 정국 혼란은 이어졌습니다. 이승만 대통령이 친일파를 중용하면서 문제는 더 커졌습니다. 일제강점기에 독립운동은커녕 일제에 빌붙었던 사람들이 '대한민국 건설'의 핵심부에 포진했습니다.

더구나 1949년 6월 백범 김구가 총에 맞아 숨졌습니다. '항일 투쟁의 전설'이었던 의열단장 김원봉은 해방 정국에서 친일경찰로부터 생명의 위협을 받고 38선을 넘었습니다. 친일파를 심판할 반민특위^{반민족행위특별조사위원회}는 대한민국 경찰의 손에 와해됐습니다. 당시 정계를 주도하던 두 축, 이승만의 세력이나 그와 대립하던 한국민주당^{한민당} 계열이나 친일 문제에서 자유롭지 못했습니다.

이승만 정부는 친일파 청산을 요구하는 사람들을 '빨갱이'로 몰아갔습니다. 정부를 수립한 바로 다음 달인 1948년 9월 22일에 이른바 '좌경언론'을 뿌리 뽑는다는 '명분' 아래 다음과 같이 7개 항의 '언론 단속사항'을 발표했습니다.

1. 대한민국의 국시국책을 위반하는 기사
2. 정부를 모략하는 기사
3. 공산당과 이북 괴뢰정권을 인정 내지 비호하는 기사
4. 허위의 사실을 날조 선동하는 기사
5. 우방과의 국교를 저해하고 국위를 손상하는 기사
6. 자극적인 논조나 보도로서 민심을 격앙 소란케 하는 외에 민심에 악영향을 끼치는 기사
7. 국가의 기밀을 누설하는 기사

이승만 정부가 발표한 7개 항의 기준을 따르면, '모략'이나 '인정' 또는 '악영향' 따위의 추상적인 단속 조항들에서 드러나듯이 국가는 물론이고 정부에 대한 어떤 비판도 할 수 없습니다.

이승만 대통령에 대한 비판 여론이 높아가는 가운데 제2대 국회의원 선거가 다가오고 있었습니다. 제헌 국회의원은 현재의 4년의 임기와는 달리 2년이라는 짧은 임기를 가지고 있었습니다. 헌법 제33조에 국회의원 임기 4년을 규정하고 있었으나 헌법 제정 이전에 미 군정청 법령에 의해 실시된 제헌 국회의원의 임기는 2년으로 한정됐거든요. 첫 총선과 헌법제정, 정부 수립의 어수선함을 거친 후 대한민국 헌법에 규정된 4년 임기의 국회의원 선거가 처음 치러진

것이 제2대 총선이었습니다.

대통령 이승만은 판세가 자신에게 불리하게 돌아간다고 판단해 선거를 최대한 미뤄 12월에 치르려 했습니다. 하지만 미국 국무장관 애치슨이 선거를 미루지 말라고 압박했습니다.

1950년 5월 30일. 마침내 전국에서 투표가 벌어졌습니다. 6·25가 발발하기 불과 25일 전이었습니다. 2대 국회의원 선거도 초대 총선이 그랬듯이 소선거구제였습니다. 선거구별 최다수 득표자 1인을 당선인으로 선출하는 방식이지요.

2대 총선 출마자들의 폭은 제헌의회에 비해 크게 확대됐습니다. 선거에 어떤 의미가 있으며 투표로 당선된 국회의원은 어떤 직책인지 유권자들이 인식했기 때문이지요.

출마자가 모두 2209명, 10대 1의 경쟁률을 보였습니다. 비록 김구는 암살당했지만 남쪽만의 선거를 거부했던 남북협상파도 2대 총선에 적극 참여했고, 한민당의 후신인 민주국민당민국당과 이승만을 지지하는 대한국민당을 비롯해 39개 정당과 단체가 선거전에 뛰어들었습니다.

2대 총선 승리자는 '무소속'이었습니다. 정당 정치가 아직 뿌리내리지 못한 탓도 있겠으나 기존 정당들에 대한 불신의 의미가 컸습니다. 무소속 126석에 이어 민국당과 대한국민당이 각각 24석, 국민회가 14석, 대한청년단이 10석, 대한노동총연맹과 일민구락부가 각각 3석, 사회당이 2석, 민족자주연맹이 1석이었습니다.

대통령 이승만을 지지하는 세력은 모두 모아도 57석 정도였습니다. 대통령 이승만으로서는 정치적 위기였지요. AP 통신은 당시의 선거 분위기를 이렇게 전하고 있습니다. "이승만 정부는 공산주의자들이 무소속을 가장하여 출마할 것이니 주의하라고 경고하였으나 투표자들은 이 경고를 거절하였다"1950년 6월 2일자 동아일보 재인용. 통신은 이미 부산에서 몇몇 후보자들이 공산주의자 혐의를 받고 투옥됐음을 전하고 있습니다.

제헌국회는 1950년 6월 2일 임기를 마쳤습니다. 6월 19일 오후 제2대 국회가 출범했습니다. 2차 투표까지 가는 접전 끝에 국회의장단이 결정됐는데요. 국회의장에 신익희, 부의장에 장택상과 조봉암이 뽑혔습니다.

개원식을 치른 국회의원들은 자신들의 임기 중에 입법할 법안들을 구상하며 정치 활동에 들어갔습니다. 하지만 일주일도 안 되어 전쟁이 벌어졌습니다.

1948년 8월 대한민국 정부가 수립된 다음 달에 38선 이북의 평양에서도 조선민주주의인민공화국이 출범했는데요. 그들이 남한에서 2대 국회가 출범하자마자 1950년 6월 25일 전면 남침을 강행했습니다. "아침은 개성, 점심은 평양, 저녁은 신의주에서 먹는다"던 국군 수뇌부의 호언은 글자 그대로 망언이 됐습니다. 개전 당일 아침에 당시 38선 이남에 있었던 개성시가 함락됐고 인민군 탱크부대는 거침없이 서울로 치달았습니다.

1950년 6월 27일 새벽 1시 국회 본회의가 열렸습니다. 참석자는 210명 정원 가운데 절반에 지나지 않았습니다. 2대 국회의원들은

폭파된 한강대교.

결기를 세워 "100만 애국 시민과 함께 수도 서울을 사수한다"는 결의안을 채택했습니다.

신익희 국회의장과 조봉암 부의장이 결의안을 들고 대통령 집무실을 찾았을 때 이승만은 이미 사라지고 없었습니다. 국회의장에게도 알리지 않은 채 이승만 대통령은 한강을 건너간 뒤 다리를 폭파하라는 명령까지 내렸습니다.

2대 국회는 큰 혼란에 빠졌습니다. 24명의 의원들이 납북되거나 월북했습니다. 국회의 품위를 지킨 건 부의장 조봉암이었습니다. 그는 가족들을 챙기는 대신 국회 기밀서류를 싣고 남하했습니다. 그 때문에 아내는 납북되어 행방불명이 되었습니다.

2대 국회는 피난 수도 부산에서 명맥을 이으며 임기를 이어갔습니다. 그런 가운데 다음 대통령을 선출하는 시기가 다가왔습니다. 제헌헌법에 따라 국회가 누구를 대통령으로 선출할지 모색하고 있을 때 이승만은 아예 선거판을 바꾸려고 나섭니다.

4
부정선거와 4월혁명

한국전쟁이 38선에서 교착상태에 빠져 있을 무렵에 이승만의 대통령 임기가 끝나가고 있었습니다. 제2대 국회의원 선거에서는 5·10 총선에 불참했던 여러 정치세력이 출마하여 당선되었기에 국회에서 대통령을 선출하는 제헌헌법 제도로는 이승만이 대통령에 당선될 수 없는 상황이었습니다.

이승만의 '선거판 바꾸기'

이승만은 전쟁 발발 3일 만에 수도 서울을 빼앗기며 피난민이 가득한 한강교를 폭파해 많은 민간인을 사상케 한 사건, '국민방위군'의 이름으로 동원한 수만 명의 청장년들을 고위 군부 인사들의 비리 탓에 굶어 죽고 얼어 죽게 만든 사건, 거창을 비롯한 남부 곳곳에서 애먼 민간인들을 '빨갱이'로 몰아 학살한 사건들이 잇따라 불거지며 국회의원들로부터 큰 불신을 받고 있었습니다.

수도를 부산으로 옮기고 전쟁이 장기전에 돌입한 상황이었는데요. 야당이 이승만 정부의 실책을 날카롭게 추궁하면서 대통령 이승만의 지지도는 바닥을 모르고 하락했습니다. 이승만은 대통령 재선을 위해 자유당을 창당하며 '선거판 바꾸기'에 나섰습니다.

이승만은 1951년 11월 대통령을 국회의 간접선거가 아닌 국민의 직접선출을 뼈대로 하는 개헌안을 제출했습니다. 당시의 직선제 개헌은 목적이 대통령 이승만의 권력 연장을 위한 것이었다는 점, 전쟁 중에 무리하게 직선을 하자고 나섰다는 점에서 국회가 받아들이기 어려운 시도였습니다.

실제로 이승만의 개헌안을 논의한 국회는 1952년 1월에 찬성 19, 반대 143으로 부결 처리했습니다. 이승만이 만든 자유당조차 원내와 원외로 나누어져 원내 자유당은 내각책임제로 개헌해야 한다고 주장했지요.

그런데 이승만은 국회의 압도적 표결 결과에 승복하지 않았습니다. 대통령을 직선으로 뽑아야 한다는 것이 '민의'라며 그것을 배반한 국회를 대상으로 '관제 데모'를 부추겼습니다.

1952년 5월 헌병 사령관 원용덕은 부산 시내에 공산 게릴라들이 나타나 5명의 미국인과 한국인을 살해했다고 명확한 증거 제시도 없이 일방적으로 발표했습니다. 이어 대통령 이승만은 5월 25일 0시를 기해 임시수도인 부산을 포함한 경상남도 일원과 전라남도·

야당 의원들이 탄 버스를 헌병대가 견인하는 장면.

전라북도 일부 지역에 비상 계엄령을 발동하였습니다.

계엄사령부는 계엄을 선포한 다음 날에 국회로 등원하던 야당 의원 48명이 탄 전용버스를 의사당 정문에서 견인해 헌병대로 끌고 갔습니다. 이승만은 헌병대에 감금된 국회의원 가운데 야당의 핵심 의원 12명을 '국제 공산당의 비밀 정치공작'에 연루되었다는 혐의로 구속했습니다.

국회는 5월 28일 본회의를 열고 '계엄령 해제에 관한 동의안'과 '구속 의원들 석방 동의안'을 의결했으나 이승만은 거부했습니다. 이에 맞서 야당 및 재야인사 60여 명은 6월 20일 부산 남포동의 국제구락부에 모여 '반독재 호헌 구국선언 대회'를 열었습니다. 그러자 폭력배들이 대회장에 난입해 난장판을 만들었습니다.

백골단·땃벌떼·민중자결단 따위를 자처한 조직 깡패들은 부산 시내 곳곳에 벽보를 붙이고 전단을 뿌렸습니다. 경찰과 군인들이 의사당을 포위한 공포 분위기에서 국회는 정부의 개헌안과 국회의 개헌안을 절충해 만든 '발췌 개헌안'을 기립 표결로 강행했지요. 출석 166명, 찬성 163명, 기권 3명으로 통과됩니다. 당시 영국 기자는 "한국에서 민주주의를 기대하는 것은 쓰레기통에서 장미가 피기를 기대하는 것과 같다"고 한껏 조롱했습니다.

이승만 정부는 1952년 7월 17일 개정 헌법을 공포하고 7월 28일에 비상계엄을 해제했습니다. 8월 5일에 치른 대선의 투표율 88.1퍼센트였는데요. 이승만이 74.6퍼센트, 조봉암이 11.4퍼센트를 얻었습니다.

한국전쟁이 수백만 명의 목숨을 삼킨 뒤 휴전을 맞은 뒤인 1954년 5월 20일에 제3대 총선이 치러졌습니다. 3대 총선에서 처음으로 정당의 공천제가 도입됐습니다. 집권당인 자유당이 181명의 이른바 '공인 후보자'를 선정해 발표한 것인데요. 공천제라는 긍정적 의미도 있지만 이승만 대통령의 노림수이기도 했습니다. 이승만은 장기집권을 위해 대통령을 중임까지만 제한한 헌법을 바꿀 '개헌 추진 의석'이 필요했거든요. 자신의 의지에 거스를 가능성이 조금이라도 있는 사람들은 모두 공천에서 배제했습니다. 공천이 아니라 말 그대로 대통령의 '승인 후보'였던 셈입니다.

3대 총선의 분위기는 험악했습니다. 집권당인 자유당은 산하에 국민회, 한국청년회, 농민회, 노총, 부인회와 같은 여러 단체들을 두고 있으며 반상회까지 장악하고 있었습니다.

그 결과였습니다. 2대 대선에 출마했던 조봉암은 이승만 세력의 집중적인 견제를 받았습니다. 초대 농림부장관으로 토지 개혁을 담당했고 전쟁이 일어나자 국회부의장으로 공무를 챙기다가 아내마저 잃은 그에게 해괴한 일이 벌어졌습니다.

조봉암이 고향인 인천의 선거관리위원회에 국회의원 후보로 등록하려 했지만, 어디선가 나타난 괴한들이 입후보 서류를 빼앗아 달아났습니다. 조봉암은 임시수도 시절에 연고가 있던 부산에서 출마하려고 서류를 보냈지만 그 또한 탈취됐습니다. 후보 등록 마감이 다가오자 조봉암이 직접 서류를 들고 갔습니다. 현직 국회부의장이 서울 서대문 갑구 선거관리위원회를 찾은 것인데요. 선거관리위원회는 서류를 심사한다는 핑계로 후보 추천인 명단에 적힌 사람들을 놓고 각각 한 시간씩 들여다보다가 마감시간 안에 등록하지 못했다는 이유로 실격을 통고했습니다.

진보 정당의 약진

정치사에서 3대 총선은 '곤봉선거'로 불립니다. 정치 깡패들은 물론이고 경찰까지 마구 폭력을 저질렀지요. 선거운동 과정에서 이승만 대통령을 비판하는 사람들은 전국 곳곳에서 폭행을 당했습니다. 심지어 서울에서 한 선거운동원이 경찰에 끌려갔다가 뇌출혈로 사망하는 사건까지 벌어졌지요. 경찰은 선거운동원이 조사를 받다가 갑자기 신음을 하며 이상 증상을 보여 집으로 돌려보냈을 뿐이라고 '해명'했습니다.

하지만 검시 결과는 달랐지요. 머리에서 뇌출혈과 타박상이 발견됐거든요. 경찰은 곳곳에서 사람들을 모아놓고 협박을 서슴지 않았습니다.

"야당은 반정부당이다. 공산당보다 나쁘다. 공산당보다 나쁜 야당 후보에게 투표하면 너희 마을은 공산당 소굴로 보겠다."

공포 속에 선거를 치른 자유당은 전체 203석의 지역구에서 114석56퍼센트을 얻었습니다. 야당인 민국당한민당의 후신은 15석, 대한민국당 3석, 국민회 3석이었습니다. 주목할 것은 무소속 67석입니다. 2대 총선과 달리 '곤봉 선거' 아래에서 무소속은 친여적인 성격이 강했습니다.

3대 국회에서 불거진 가장 큰 쟁점은 개헌이었습니다. 대통령을 중임까지 허용한 헌법을 개정하는 작업에 자유당은 사활을 걸었고 야당 의원들은 '결사 저지'의 결기를 다졌습니다. 개헌이 가능한 의석은 136석이었기에 자유당이 무소속과 야당에서 22석만 끌어 오면 헌법상 3선 금지 조항을 없앨 수 있었지요.

다음 대통령 선거가 1956년이기에 이승만도 자유당도 서두를 수밖에 없었습니다. 국회가 열리고 활동에 들어가자마자 개헌 논의를 시작했지요. 그해 11월 27일 초대 대통령에 한해 3선 금지 조항을 없애는 개헌안을 표결에 부쳤습니다.

자유당으로선 소속 의원 전원과 무소속 의원을 포함해 136명을 개헌안 찬성 명단에 올린 상태였기에 낙관했습니다. 하지만 무기명 투표 결과 한 표의 오차가 났지요. 재적인원 203명, 재석인원 202명 가운데 찬성은 135표, 반대 60표, 기권 7표였습니다. 헌법 개정에 필요한 의결 정족수는 재적 인원 203명의 3분의 2인 136표였거든요. 1표 차이로 부결된 것이지요.

개헌안은 결국 부결 처리됐습니다. 하지만 이승만 측근과 자유당 간부들 사이에서 해괴한 주장이 나옵니다. 재적인원 203명의 3분의 2는 135.3명이므로 136석이어야 옳지만, 5 이상은 반올림하고 4 아래는 내린다는 '반올림' 공식을 도입하자는 발상이었죠. 반올림 하면 135.3333은 135가 되니까 135명의 국회의원이 찬성한 개헌안은 통과된 것이라는 논리였습니다.

자유당은 스스로 나서기가 민망해서인지 대한민국 최초의 수학 박사였던 서울대학교 수학과 교수인 최윤식을 동원했습니다. 대한수학회 회장을 맡고 있던 최 교수는 "사사오입이 맞다"고 정당성을 부여했고, 다음 날 자유당은 "정족수 계산에 착오를 일으켜 부결을 선포한 것이고 135는 203의 3분의 2가 된다는 것을 알게 되었으므로 전일 부결 선포를 취소한다"고 번복했지요. 야당은 크게 반발했으나 개정 헌법은 곧장 정부로 보내졌습니다.

이승만 정부는 기다렸다는 듯이 개정 헌법을 공포했지요. 그 헌법에 따라 이승만은 마침내 대통령 3선에 나섭니다.

1956년 치러진 3대 대통령 선거에서 민주당 선전벽보가 화제가 되었습니다. 3대 대선 이전에는 후보를 선전하는 벽보에 정당, 이름, 사진만 담았지만 처음으로 선거구호가 등장했는데요.

민주당은 "못 살겠다, 갈아보자"라는 선거 구호를 내걸었습니다. 당시 이승만의 장기집권에 더해 한국전쟁 이후 경제적으로는 물론 정신적으로도 비참한 삶을 살고 있던 유권자들의 가슴에 깊이 들어 갔지요. 대책 세우기에 골몰하던 자유당은 "구관이 명관이다"라고 맞서며 "갈아봤자 더 못 산다"를 내걸었습니다.

선거는 3파전으로 전개됐습니다. 자유당의 이승만에 맞서 민주당에서 신익희, 진보당추진위원회^{이하 진보당}에서 조봉암이 출마하였지요. 조봉암의 선거구호는 "이것저것 다 보았다. 혁신밖에 살길 없다"였습니다.

보수야당과 진보야당 사이에 처음으로 '후보단일화'라는 말이 등장한 선거였습니다. 이승만 독재를 막아야 한다는 국민적 소망을 누구도 외면할 수 없었기 때문입니다.

신익희는 일제강점기에 대한민국임시정부에서 내무총장을 역임했고 제헌국회에 들어가 초대 국회의장이던 이승만을 이어 국회의장을 맡았습니다. 1955년 장면, 조병옥과 함께 민주당을 창당했고 대통령 후보로 출마했지요. 1956년 5월 한강 백사장에서 열린 그의 유세에 30만 인파가 모일 만큼 '이승만 심판' 여론이 컸습니다.

민주당 후보 신익희는 진보당 후보 조봉암과의 단일화에 긍정적이었습니다. 조봉암이 대범하게 양보하고 나섰습니다. 대통령은 신익희로 단일화하는 대신, 부통령후보는 진보당 박기출 후보로 단일

"못 살겠다, 갈아보자"
ⓒ중앙선거관리위원회

"이것저것 다 보았다.
혁신밖에 살길 없다"
ⓒ국가기록원

화하자고 제안했지요.

　조봉암의 제안을 민주당은 선뜻 받아들이지 않았습니다. 그 시점에 민주당에는 구파와 신파가 있었는데요. 민주당의 주류라 할 구파는 주로 한민당한국민주당 출신으로 대부분이 친일 지주였던 그들은 조봉암과 진보당을 싫어했습니다. 신파도 신파대로 시큰둥했습니다. 부통령후보가 신파의 장면이었기에 '신파 부통령'을 포기하고 싶지 않았습니다. 민주당 신파는 대통령 후보가 구파 신익희이므로 부통령후보는 무조건 신파이어야 한다며 양보할 생각이 전혀 없이 완강했습니다. '대통령 선거는 질 수도 있지만 부통령선거는 이긴다'는 분위기가 민주당에 퍼져 있었지요.

　결국 진보당의 조봉암이 더 양보했습니다. 1956년 선거는 민주당 후보를 모두 받아들여 '신익희-장면'으로 단일화하되 1960년에 치를 대선은 진보당으로 단일화하자고 제안했지요. 민주당이 받아들이면서 합의에 최종 실무 절차만 남았을 때 신익희가 호남선 열차에서 심장마비로 사망했습니다. 보수야당과 진보야당이 합의해 이승만 정권을 교체하자는 열망이 뜨겁게 달아오를 때였지요.

　대선을 겨우 열흘 앞두고 신익희가 사망하면서 단일화 논의는 새 국면을 맞습니다. 후보 등록기간은 이미 끝난 상황이었습니다. 신익희와 단일화 과정에서 양보에 양보를 거듭했던 조봉암으로선 당연히 자신이 단일후보가 되어야 한다고 생각했지요.

　하지만 민주당은 아니었습니다. 조봉암을 지지하지 않았지요. 민주당은 '이미 신익희 이름을 실은 투표용지가 인쇄되었다'는 궁색

한 변명을 하며 죽은 신익희에게 '추모 표'를 던지라는 해괴한 선거 운동을 폅니다.

민주당의 행태로 대선 결과는 불을 보듯 분명했습니다. 이승만은 다시 집권합니다. 놀라운 것은 진보당 조봉암의 득표력입니다. 216만 3808표를 얻어 30퍼센트를 득표했습니다. '신익희 추모 표'로 무효표가 무려 185만 6818표에 달했습니다. 이승만이 얻은 표는 504만 6437표였습니다.

단순한 산수로 조봉암의 표와 신익희 추모 표를 더하면 400만 표가 넘습니다. 만일 민주당이 추모 열기를 활용해 조봉암으로 단일화 운동을 적극적으로 폈다면 대선 양상은 어떻게 달라졌을지 모릅니다. 민주당은 야당후보 단일화를 사실상 합의했던 상황이었기에 조봉암을 지지해야 순리였지만, 조봉암이 되느니 이승만 3선이 낫다고 본 의원들이 더 많아 사실상 독재 쪽에 섰다고 볼 수밖에 없지요.

진보당은 민주당이 '배신'했음에도 부통령 후보 단일화와 선거운동에 성의를 다했습니다. 진보당 박기출 후보가 사퇴했고 결국 장면이 401만 표를 얻어 380만 표에 그친 이기붕을 제치고 당선됐습니다.

제3대 대선을 치르며 이승만은 조봉암의 득표력에 내심 위협을 느꼈습니다. 4년 뒤 대선이 몹시 걱정되었지요. 조봉암의 정치적 가능성을 간파한 이승만은 '최대 정적'에게 간첩 올가미를 씌우고 '법적 살인'의 수순을 밟습니다.

사실 이승만이 조봉암을 초대 농림부장관으로 발탁해 토지개혁을 주도케 한 이유는 친일 지주계급의 정당인 한민당을 길들여 자신의 정치적 기반을 확고히 다지려는 의도였습니다.

여기서 진보당에 대해 좀 더 짚을 필요가 있습니다. 한국전쟁 직후에 그것도 자유당 독재 정권 시절에 대담하게 '사회민주주의'를 내걸고 이승만의 권력을 위협할 만큼 정치적 영향력을 키워갔기 때문입니다.

민주시민 부정선거를 물리치다

진보당의 출범은 1955년 민주당의 창당 과정과 직접 이어져 있습니다. 사사오입 개헌으로 이승만의 장기집권 가능성이 높아지자 민국당과 무소속의원 60명은 자유당의 전횡을 저지하자며 '반자유당 세력의 규합'에 나섰습니다. 그 결과가 민주당입니다.

그런데 민주당 주도세력은 '반자유당 규합'에 진보적 정치세력은 참여할 수 없다며 조봉암의 동참을 거부했습니다. 조봉암은 민주당 창당 과정에서 배제된 진보세력과 함께 독자적인 당 조직에 나서 1956년 1월 26일 '진보당 추진위원회'를 구성하고 그해 5월 대선에 나섰습니다.

조봉암이 3대 대선에 바람을 일으키면서 창당 작업은 순풍에 돛단 듯이 전개되었습니다. 그해 11월 10일 진보당 결성식을 갖고 위원장에 조봉암, 간사장에 윤길중을 선출했습니다.

진보당은 결성식에서 3대 정강을 채택했는데요. 책임 있는 혁신 정치, 수탈 없는 계획경제, 민주적 평화통일이었습니다. 지금은 평화통일이라는 말이 자연스럽지만 당시 이승만과 자유당은 내내 '북진통일'을 주장하고 있었지요.

조봉암과 진보당의 힘이 커져가자 이승만은 행동에 나섭니다. 1958년 1월에 진보당 고위 간부들을 대거 구속했지요. 피신했던 조봉암은 간부들이 모두 구속되자 자진 출두했습니다.

검찰은 진보당 간부들을 기소하며 조봉암에게 간첩죄, 국가보안법 위반 및 무기 불법 소지 혐의를 씌웠습니다. 검찰은 또 진보당에 대해서도 '평화통일론이 대한민국의 존립을 부인하며, 정강 정책이 북괴 노동당의 정책과 상통하는 내용으로 대한민국의 헌법을 위반한 불법 단체'라고 몰아세웠습니다. 재판도 열리기 전인 2월 25일에 진보당의 등록은 취소당합니다.

그런데 1958년 7월 2일의 제1심 선고공판에서 사법부는 조봉암에게 국가보안법 위반죄만 적용해 징역 5년을 선고하고 진보당 간부들에게는 무죄를 선고했습니다. 이승만은 그 정도로 만족할 수 없었지요. 1959년 2월 27일 대법원은 조봉암에게 느닷없이 사형을 선고했습니다. 그리고 그해 7월 31일 사형을 집행합니다.

조봉암이 일제강점기에 독립운동을 벌이며 공산당 조직에 관여한 것은 사실입니다. 하지만 해방되고 나서 조봉암은 공산당을 공개적으로 비판하며 민주주의 원칙에 따라 자유국가를 건설하자고

재판을 받고 있는 조봉암(앞줄 맨 왼쪽).

주장했습니다.

실제로 조봉암은 어느 한 계급이나 한 정당의 독재에 반대했습니다. 노동계급의 독재도 자본계급의 전제 못지않게 거부한 거죠. 재판 과정에서도 재판장이 일제강점기에 왜 공산당을 했느냐고 질문하자 조봉암은 "일제 때 독립 운동하는 데는 공산당과 같은 강력한 조직과 지리적으로 가까운 소련의 원조를 얻어야 할 필요가 있었다"고 당당하게 답했습니다.

조봉암의 처형은 명백한 '사법 살인'이었습니다. 바로 그런 행태가 이승만식 '자유 정치'였습니다. 조봉암이 형장의 이슬로 사라지고 불과 7달 뒤인 1960년 3월 15일에 제4대 대통령 선거가 치러집니다. 자유당은 이승만의 당선은 물론, 건강상의 이유로 대통령 유고시에 권력을 승계할 부통령으로 이기붕을 반드시 당선시킬 계획을 세웠습니다.

그런데 선거 과정에서 민주당 후보 조병옥이 갑작스레 숨집니다. 이승만의 당선은 '따놓은 당상'이었지만, 자유당은 이기붕의 부통령 당선을 위해 온갖 부정을 저지릅니다. 3인조·9인조 집단투표에 더해 대리투표가 벌어졌습니다. 심지어 투·개표장에서 민주당 참관인은 쫓겨났고, 더러는 투표함조차 바꿔치기했습니다.

자유당의 노골적인 부정선거를 더는 참을 수 없었던 민중들이 일어섰습니다. 주권을 유린당했으니까요. 경상남도 마산에서 부정선거 규탄 시위가 일어났습니다.

경찰은 잔혹하게 진압했습니다. 그 과정에서 실종되었던 10대 김주열이 최루탄에 맞은 시신으로 바다에 떠오르자 부정선거 규탄 시위가 전국적으로 퍼져갔습니다.

마침내 4·19 혁명으로 분출한 민주주의 열망에 이승만의 제1공화국은 무너집니다. 4월혁명을 주도한 주체 세력은 10대와 20대였습니다. 초·중·고등학생과 대학생들이 교문을 박차고 거리로 나섰고 일터에 있던 청년 노동인들도 적극 동참했지요. 교문을 나서기 전에 여중 2학년이던 진영숙이 남긴 편지가 지금도 많은 사람들의 심금을 울립니다.

"시간이 없는 관계로 어머님 뵙지 못하고 떠납니다. 어머니, 데모에 나간 저를 책하지 마세요. 우리들이 아니면 누가 데모를 하겠습니까. 저는 아직 철없는 줄 압니다. 그러나 조국과 민족을 위하는 길이 어떻다는 것을 알고 있습니다. 저도 생명을 바치더라도 싸우려고 합니다. 데모하다 죽어도 원이 없습니다. 어머니, 저를 사랑하시는 마음으로 무척 비통하게 생각하시겠지만 온 겨레의 앞날과 민족의 해방을 위해 기뻐해 주세요. 부디 몸 건강히 계세요. 거듭 말씀드리지만 저의 목숨은 이미 바치려고 결심했습니다."

1960년 4월 26일 이승만은 대통령 자리에서 물러나고 자유당도 사라졌습니다. 서울 탑골공원에 세워졌던 이승만의 동상은 이승만

이승만의 하야 성명 당일
민중들이 철거한 탑골공원 동상.

이 하야 성명을 낸 직후에 민주시민들에 의해 끌어내려졌습니다. 민중은 독재자 이승만의 동상을 새끼줄로 묶은 채 끌고 다녔습니다. 거리에 선 사람들은 모두 박수를 보냈지요.

여기서 대통령으로서 이승만의 정치사적 의미를 대한민국 유권자라면 누구나 짚을 필요가 있습니다. 이승만은 해방이 되어 국내로 들어오기까지 줄곧 미국에 머물고 있었습니다. 바로 그렇기에 미국이 한반도에서 무엇을 원하는가를 간파할 수 있었지요.

이승만이 1948년부터 60년까지 12년 동안 집권하면서 자신의 권력을 위협할 만한 정치세력을 잔혹하게 배제한 것은 그 뒤 한국 정치에 깊은 악영향을 끼쳤습니다. 이미 한국전쟁이 발발하기 전에 10만 명에 이르는 민간인이 학살당했습니다.

한국 보수세력의 정치 전략

이승만은 친일파를 청산해야 마땅한 상황에서 자신의 권력기반을 강화하려고 그들을 적극 중용했습니다. 민족을 우선시해야 할 우파의 상징적 인물이 되레 반민족행위자들을 비호하고 그 처벌을 요구하는 사람들을 '빨갱이'로 몰아간 것은 한국 정치가 첫 단추부터 잘못 꿰어졌음을 의미합니다.

물론, 이승만을 '건국의 아버지'로 추앙하는 정치인들과 그들을 뒷받침하는 언론인과 대학교수들도 있습니다. 그들은 이승만이 남쪽만의 단독선거를 통해 정부 수립에 나서지 않았다면, 남쪽의 우리도 지금 '김일성-김정일-김정은' 치하에서 살아가고 있을 것이라고 주장합니다.

얼핏 들으면 그럴듯한 협박 논리이고 선동성도 강합니다. 하지만 과연 그럴까요? 38선 남쪽만의 단독선거를 치르지 않았다면 정녕 남쪽까지 '김일성 체제'로 통일됐을까요? 그렇게 주장하는 사람들의 논리에는 두 가지 결정적 문제가 있습니다.

첫째, 만일 남쪽만의 단독 선거 추진이 없었다면, 역동적인 해방 정국에서 지금의 남과 북과는 다른 형태로 민족의 운명이 결정되었을 가능성이 높습니다. 해방 정국의 여러 정치적 가능성이 각각 이승만 체제와 김일성 체제로 귀결된 것은 결코 필연이 아니었습니다. 그 사이에는 무수한 대안들이 존재하고 있었습니다.

예컨대 미국과 소련이 모스크바에서 합의한 대로 미소공동위원회가 온전히 운영되어 구현되었다면, 미군과 소련군이 철수하고 1950년을 맞기 전에 통일 국가를 수립했을 가능성이 높습니다. 그때의 건국 지도자가 이승만 아니면 김일성이라는 예단은 역사적 현실과 걸맞지 않습니다. 이승만과 김일성 못지않게 해방 공간에서 김구, 여운형, 박헌영이 각각 누구도 무시할 수 없는 정치세력을 형성하고 있었기 때문입니다.

둘째, 남과 북에 각각 단독정부가 수립되지 않았다면 1950년에서 53년에 이르는 동족상잔으로 수백만 명이 생명을 잃는 비극은 벌어지지 않았을 터입니다. 수백만 명이 죽은 대참사는 백범 김구가 예견했던 대로 남과 북에 각각 단독정부가 수립되면서 일어날 수밖에 없었던 필연이었습니다. 김구는 그것을 막으려고 남북협상에 나섰고, 끝내 암살당했습니다. 김구의 1주기를 하루 앞두고, 남과 북을 잿더미로 만든 한국전쟁이 일어났지요.

한국의 '우파'를 대표할 만한 김구가 이승만 대통령이 취임한 지 1년도 안 되었을 때 권력의 비호를 받은 장교 손에 암살당한 사건은 한국의 자칭 '우파' 또는 '보수'가 지닌 문제점을 여실히 드러내 주었습니다. 김구는 일본이나 미국에 굴종하지 않았던 보수주의자이자 우파 민족주의자였지만, 그 또한 '색깔 공세'에 시달렸고 끝내 목숨을 잃었습니다. 김구를 암살한 현역 육군 장교 안두희를 '보호'한 이승만의 야만은 조봉암의 '사법 살인'이 상징하듯이 집권 내내 이어졌습니다.

이승만1875~1965이 걸어온 길을 살펴보면 그의 권력 지향적 성격이 또렷하게 드러납니다. 3·1독립선언 직후에 세워진 대한민국 임시정부에서 이미 그는 조선의 독립이 아니라 미국의 위임통치를 주장하며 독단적으로 일을 처리하다가 탄핵당해 쫓겨난 바 있습니다.

한국전쟁이 끝나고도 장기 집권을 위해 '발췌 개헌'과 '사사오입 개헌'이라는 꼼수 내지는 술수를 서슴지 않았던 그는 결국 1960년 4월혁명 때 민주주의를 요구한 학생들과 시민들을 학살하기에 이르렀습니다. 그 결과 권좌에서 쫓겨난 거죠.

따라서 이승만이 "국민의 뜻에 따라 권좌에서 물러나는 결단을 내렸다"는 미화론자들의 주장은 명백한 사실 왜곡입니다. 1960년

4월 19일 주한 미국대사 매카나기는 이승만 대통령과의 만남을 긴급 요청했습니다. 이승만과 마주한 대사는 지금은 공산주의자들이 가담하고 있지 않지만 신속한 대응책이 취해지지 않는다면 그들이 아직도 폭발적인 현 상황을 이용할 위험이 있으며, "안전하고 안정된 작전기지를 유지하는 중대한 미국의 이익이 위험에 빠져 있다"고 추궁했습니다.

이에 앞서 4월 2일 매카나기 대사가 본국 국무부에 보낸 전문은 여러모로 성찰할 대목입니다. 대사는 한국을 가리켜 미국의 "피와 돈"이 많이 투자되었을 뿐만 아니라 미국의 평판과 안보가 심각하게 걸려 있는 곳이라고 적시했습니다. 이어 미국이 세계 다른 어느 곳보다 한국에서 능동적으로 대처해야 한다고 건의했습니다.

1960년 4월 17일에 보낸 매카나기 대사의 전문은 더 급박합니다. 그는 점점 커가는 민중의 분노가 공공연한 폭력으로 발전함으로써 공산주의자들에게 이용당할 수 있는 "가장 위험한 추세"로 급변할 수도 있다고 분석했습니다. 따라서 "더욱 강력한 비상수단을 취해야 한다"고 건의했습니다.

기밀문서에 나타난 미국은 이승만의 측근이나 이범석과 같은 인물에 의한 쿠데타, 또는 국방부장관이나 육군참모총장이 나서서 군부가 정권을 인수하는 가능성도 검토하고 있었습니다. 이승만으로선 미국의 뒷받침을 받는 쿠데타로 실각할 경우보다 자진해서 하야하는 선택이 자신의 목숨을 건질 수 있다고 판단했을 가능성이 높습니다. 이승만은 하야한 뒤 미국으로 건너가 하와이에서 평생 호의호식하며 살아갈 수 있었습니다.

흔히 보수와 진보, 좌파와 우파를 놓고 임의적 잣대를 들이대기 쉽지만, 그것을 나누는 보편적 잣대는 있습니다. 보수 또는 우파가 민족이나 국가를 중시하는 데 비해, 진보 또는 좌파는 민족보다는 계급, 국가보다는 사회를 중시합니다. 또 다른 기준도 있습니다. 보수는 자유를, 진보는 평등을 강조한다는 거죠.

보수와 진보를 나누는 보편적 기준에서 볼 때, 한국의 보수는 대단히 특별한 정치세력입니다. 민족이나 국가보다 다른 나라의 힘에 의존하거나 특정 지역에 기반을 두는 정치 행태를 보여 왔기 때문입니다. 더구나 국가 구성원의 자유를 보장하고 지키기는커녕 오히려 자유를 억압하는 반민주적 행위도 서슴지 않았습니다.

쿠데타로 무너진 제2공화국

이승만을 쫓아낸 혁명으로 유권자들은 새로운 시대가 열리리라 기대했습니다. 4·19 혁명 직후에 과도국회에서 민주당은 의원내각제로의 개헌을 주장했고, 영국식 의원내각제를 모방한 헌법 개정안이 6월 15일 압도적 다수로 가결되어 그날로 공포되었습니다.

제2공화국은 4·19 혁명의 이념과 정신을 충실하게 반영하는 헌정체제를 지향했습니다. 4월혁명의 이념을 더러는 '자유와 민의, 민권이 존중되는 민주 정치'로, 더러는 '부정·부패가 없는 정의 사회의 실현'으로, 더러는 '자유와 평등이 넘치는 진정한 민주주의'로 이해했습니다.

대통령 중심제를 채택했던 제1공화국의 1인 독재 경험 때문에 내각제 채택은 당연하게 받아들여졌습니다. 개정 헌법은 국민의 기본권 보장을 강화하고 대통령을 의례적인 국가 원수로 규정했습니다. 정치적 실권은 국무총리가 가졌지요.

개정 헌법에 따라 7월 29일 총선이 치러집니다. 이때 선거권이 만 20세로 낮아졌습니다. 선거결과는 누구나 예상했듯이 민주당 압승이었습니다. 전체 의석의 4분의 3을 넘었습니다. 강력했던 진보당은 이승만의 탄압으로 이미 사라졌고 조봉암이 처형된 뒤 진보정치 세력이 구심점을 잃은 상태였습니다. 8월 12일 국회에서 대통령에 윤보선, 국무총리에 장면을 선출했습니다.

여기서 다시 이승만이 대통령직에서 쫓겨나기 아홉 달 전인 1959년 7월 31일 아침으로 가볼까요. 그날 서대문형무소의 조봉암은 사형장으로 걸어갔습니다. 조봉암은 역사가 자신에게 무죄를 선고하리라 확신했습니다. 법정 최후진술에서 힘차게 밝혔습니다.

"이승만은 소수가 잘살기 위한 정치를 하였고 나와 나의 동지들은 국민 대다수를 고루 잘 살리기 위한 민주주의 투쟁을 했다. 나에게 죄가 했다면 많은 사람이 고루 잘살 수 있는 정치 운동을 한 것밖에는 없다."

사형 선고를 받았을 때도 진보당 사람들에게 담담하게 말했습니다.

"우리의 정치적 이상은 책임정치, 수탈 없는 경제 민주화, 그리고 평화통일이었다. 우리는 벽에 막혀 하지 못했지만 먼 훗날 우리가 알지 못하는 후배들이 해나갈 것이다. 그러면 결국 어느 땐가 평화통일의 날이 올 것이고 국민이 고루 잘사는 날이 올 것이다. 씨를 뿌린 자가 거둔다고 생각하면 안 된다. 나는 씨만 뿌리고 간다."

조봉암 처형으로 진보정당은 치명상을 입었지만 1960년 2월 28일 대구 고등학생 2000명이 결의문을 뿌리며 시청으로 행진했습니다.

"백만 학도여, 피가 있거든 우리의 신성한 권리를 위하여 서슴지 말고 일어서라. 학도들의 붉은 피가 지금 이 순간에도 뛰놀고 있으며, 정의에 배반되는 불의를 쳐부수기 위해 이 목숨 다할 때까지 투쟁하는 것이 우리의 기백이며, 정의감에 입각한 이성의 호소인 것이다."

조봉암은 자신이 못다 한 일을 후손들이 하리라 믿고 의연히 사형대에 올랐습니다. 세월이 흘러 2007년 9월 진실화해를 위한 과거사위원회는 진보당 사건에 대해 '이승만 정권에 의한 비인도적이고 반인권적 인권 유린이자 정치탄압 사건'이라고 결론짓고 국가의 사과와 명예회복 조치를 권고했습니다. 2011년 1월 16일 대법원은 '조봉암 재심사건' 선고 공판에서 대법관 13명 전원일치 의견으로 무죄를 선고했습니다.

1960년 4월과 2011년 1월 사이의 대한민국 선거 역사는 순탄하지 않았습니다. 1961년 5월 16일 총칼을 앞세운 군사쿠데타가 일어나면서 선거로 선출된 제2공화국은 무너집니다. 민주주의는 다시 긴 겨울을 맞고 선거 또한 모진 칼바람에 기어이 얼어붙게 됩니다.

5
선거 유린과 민중항쟁

대한민국 투표의 역사는 1948년 5월 10일의 첫 선거부터 '지뢰'를 품고 있었습니다. 실제로 첫 투표 날 폭탄이 터졌었지요. 초대 대통령 이승만은 헌법을 바꿔가며 선거에 나서 독재정권의 길로 들어섰습니다. 1960년 4월혁명으로 민주주의 시대가 열렸다고 생각했지만, 이듬해 선거로 출범한 정부를 총칼로 뒤엎는 '대형 지뢰'가 터집니다. 육군 소장 박정희를 중심으로 한 쿠데타가 그것이지요.

군부의 등장

세월이 흘러 어느덧 쿠데타를 미화하는 정치인이나 언론인·교수들이 나타나고 있는데요. 냉철히 짚어보기 바랍니다. 지금 '촛불혁명으로 들어선 정부가 내 마음에 들지 않는다'며 거의 모든 국민이 이름도 알지 못하는 어느 육군 소장이 군 병력을 이끌고 서울로 들어와 청와대를 접수한다면, 그걸 어떻게 생각하겠습니까.

1961년 5월 16일 새벽에 별 둘을 모자와 어깨에 단 군인 박정희가 그랬습니다. 군부대를 이끌고 서울로 들어와 선거로 구성된 정부와 국회를 전복했습니다. 5·16 쿠데타 세력은 총칼로 권력을 잡은 뒤 펴낸 '한국군사혁명사'에서 쿠데타의 명분을 "용공 사상의 대두, 경제적 위기, 고질화된 정치 풍토, 사회적 혼란과 국민 도의의 피폐, 한국군의 발전"으로 내세웠습니다.

하지만 그들의 명분은 일단 사실과 맞지 않습니다. 소장 박정희는 이미 이승만 정권 말기에 구체적으로 쿠데타를 추진한 바 있었으니까요. 따라서 4월혁명으로 등장한 민주당 정부의 혼란에서 원인을 찾는 것은 앞뒤가 맞지 않습니다.

그들이 처음 쿠데타를 계획하던 시기에 미국도 이승만 정권에 부담을 느끼고 있었습니다. 그들 스스로 밝혔듯이 "남한에 안전하고 안정된 작전기지를 유지하는 중대한 이익"을 지키기 위해 이승만을 교체하려는 의지를 노골적으로 밝히던 시점이었지요. 그런 움직임을 쿠데타 주도세력도 잘 알고 있었습니다. 그들이 4월혁명 직전에 군부 쿠데타를 모의했던 이유였습니다.

하지만 그들보다 먼저 10대와 20대 청소년들이 들고일어나 이승만을 몰아냈습니다. 제2공화국이 출범하자 그들은 '정권을 잡을 절호의 기회를 놓쳤다'고 실망했습니다.

그런 가운데 박정희는 육군 소장을 끝으로 예편할 상황을 맞습

5·16 쿠데타를 일으킨 박정희.

니다. 제2공화국 정부는 군 장성들에 대해 인사평가 작업을 벌이면서 언행이 정치적인 박정희를 1961년 5월 말에 예편시킬 방침을 굳혔습니다. 박정희로선 군복을 벗으면 쿠데타를 일으킬 수 없었기에 마지막 기회였습니다.

박정희와 쿠데타 세력들은 나름대로 자신감이 있었습니다. 쿠데타 직후에 그들 스스로 '한국군의 발전'을 부각해 과시했듯이 당시 한국군은 6·25전쟁을 거치면서 급속도로 팽창해 있었거든요. 1950년 10만 병력에서 1956년엔 이미 70만 대군을 이루었습니다. 그 시기 한국 사회에서 단일 직업군으로는 가장 큰 규모였지요. 더구나 미국은 군 장교들을 장단기로 나눠 본국으로 불러들여 교육과 훈련을 시켰고, 그 결과 군부는 1961년 시점에서 가장 미국식 가치관으로 근대화한 집단이었습니다.

언론도, 대학도, 관료들도 아직 군부만큼 미국에 다녀온 경험이 풍부한 인력을 보유하고 있지 못했습니다. 비단 한국만이 아니라 그것은 많은 제3세계 국가 일반에서 나타난 현상이었습니다. 군부 엘리트들이 민간 정치인들을 불신하며 자신들만이 국가 발전을 이룰 수 있는 주체라고 확신한 이유도 그 연장선에 있습니다.

박정희와 함께 쿠데타를 주도한 영관급 장교들은 전쟁 시기에 고속으로 승진한 고위 장성들이 군부에 두텁게 포진하면서 자신들이 진급할 길을 막은 채 부패해가는 모습을 목격했고, 그들을 이승만 정부가 정리하기는커녕 야당을 탄압하고 정권을 유지하는 데 이용하는 행태에 나름대로 분노를 느끼고 있었다고 볼 수 있습니다.

쿠데타 직후에 서울의 주한 미 대사관과 유엔군 사령부는 민주당 정부를 지지하는 모습도 보였지만, 그들은 곧 워싱턴의 백악관에서 내려온 지시에 따라 태도를 바꿨습니다. 쿠데타를 주도한 세력의 예상이 맞았지요. 쿠데타를 모의한 박정희와 김종필은 이승만 정부가 세워질 때도 그랬듯이 미국의 일관된 일차적 관심이 휴전선 남쪽에 안정적으로 친미 반공국가를 확보하고 유지하는 데 있음을 꿰뚫고 있었습니다.

무엇보다 박정희는 대한민국 군대가 창설될 때부터 군에 몸담아오면서 한반도에서 미국이 바라는 게 무엇인가를 파악했습니다. 정보장교로 활동했기에 더욱 그랬지요.

선거를 유린한 쿠데타를 일으키기까지 박정희가 걸어온 길을 간략히 짚어보죠. 1917년 경상북도 선산에서 태어난 박정희는 1937년 대구사범학교를 졸업하고, 3년 동안 문경 초등학교에서 교사로 근무했었습니다. 하지만 그는 교사생활을 접고 일본 제국의 군인이 되길 결심합니다. 당시 일본 제국주의가 강점하고 있던 시기의 교사라면 남부럽지 않게 살 수 있는 직업이었지만 박정희는 만족하지 않았습니다. 일본군의 장교가 되기 위해 온갖 노력을 기울였지요.

더러는 그가 일본인 교장의 조선인 차별에 민족적 분노를 느껴 군인이 되려 결심했다고 '정당화'하지만 오히려 설명하지 않는 것만 못합니다. 만일 그렇다면 이미 중국을 무대로 벌어지고 있던 독립운동에 투신하거나 확산되고 있던 국내 지하조직에 가담했어야 옳았습니다.

박정희는 교사로 재직하며 일본 제국주의가 세운 만주국의 군관학교에 지원서를 냈습니다. 하지만 연령 제한에 걸려 1차에서 탈락했습니다. 교사 박정희는 포기하지 않았습니다. "一死以テ御奉公 _{죽음으로써 천황에 충성함} 朴正熙"를 붉은 혈서로 써서 편지와 함께 1939년 다시 지원했습니다.

조선의 한 젊은 교사가 혈서를 써가며 지원한 사실은 당시 〈만주신문〉에 기사화될 정도로 유례가 없는 일이었습니다. 일본어로 발행되던 이 신문에 실린 '혈서血書 군관 지원, 반도의 젊은 훈도訓導로부터' 제하의 기사_{1939년 3월 31일자}에 따르면, 혈서와 동봉한 편지에서 박정희는 다음과 같이 지원 동기를 밝혔습니다.

"일본인으로서 수치스럽지 않을 만큼의 정신과 기백으로 일사봉공의 굳건한 결심입니다. 확실히 하겠습니다. 목숨을 다해 충성을 다할 각오입니다. (…) 한 명의 만주국군으로서 만주국을 위해, 나아가 조국을 위해 어떠한 일신의 영달을 바라지 않겠습니다. 멸사봉공, 견마의 충성을 다할 결심입니다."

결국 박정희는 세 차례나 지원한 끝에 1940년 4월 신경^{오늘의 장춘}군관학교에 입학했습니다. 1942년 성적 우수자로서 일본 육군사관학

혈서(血書) 군관 지원 반도의 젊은 훈도(訓導)로부터. 〈만주신문〉 1939년 3월 31일자 7면.
©민족문제연구소

교 본과 3학년에 편입했고, 1944년 일본육사 제57기로 졸업했습니다. 졸업과 동시에 일본군 소위로 편입되어 만주군 보병 소위로 임관되었습니다. 만주로 다시 돌아와 보병 8단 단장의 부관실에서 작전참모로 활동하던 박정희는 이듬해 7월 만주국군 중위로 진급했습니다. 하지만 진급 한 달 만에 그가 충성을 맹세한 일본 제국주의가 무너졌습니다.

반공, 제1의 국시가 되다

1945년 8월 15일, 만주군 중위 박정희로선 일본의 항복이 자신의 앞길을 가로막는 날벼락처럼 다가왔을 가능성이 높습니다. 하지만 박정희의 야망은 꺾이지 않았습니다. 중국군에 무장해제당한 박정희는 재빠르게 광복군에 합류해 1946년 귀국했습니다. 이어 조선 경비 사관학교육군사관학교 전신에 들어가 졸업하면서 대위로 임관했습니다. 만주군 복무 경력을 인정받은 셈이지요. 광복군 출신의 언론인으로 1975년 의문의 죽음을 당한 장준하가 박정희는 결코 대한민국의 대통령이 되어선 안 될 인물이라고 반대했던 이유가 무엇인지 상식을 갖춘 사람이라면 충분히 짐작할 수 있습니다.

박정희의 '어두운 과거'는 여기서 그치지 않습니다. 그는 대한민국 정부수립 직후인 1948년 10월 여수·순천사건에 연루되어 남로당에 가입한 혐의로 군법회의에 회부됐습니다. 남로당에 가입했다는 일방적인 고발만으로 대상자들이 모두 처형당하는 상황이었지만 그는 살아남았습니다. 잘 알려져 있듯이 그가 수사에 적극 협조했기 때문이지요.

박정희는 자신이 직접 포섭한 동료들의 명단까지 수사당국에 알려주어 그들을 모두 처형대에 보내고 살아남았습니다. 당시 일본군 출신들이 대거 포진된 한국군의 지도부도 일본 육사 출신의 박정희 구명운동에 나섰습니다. 그 결과 박정희는 군에서 강제 예편당했지만, 육군본부에서 군무원으로 일할 수 있었습니다.

박정희에게 1950년 6월 25일에 일어난 한국전쟁은 '기회'였습니다. 그는 전쟁 직후 군무원 신분에서 현역 육군 소령으로 군에 복귀했습니다. 그 뒤 육영수를 만나고 한국전쟁 시기에 고속 승진했습니다.

쿠데타로 권력을 쥔 박정희는 정치적 정통성을 확보하기 위해 경제성장에 눈을 돌렸습니다. 또한 그것은 1961년 당시에 휴전선 남쪽인 대한민국에 비해 북쪽의 조선민주주의인민공화국 경제발전이 두드러짐에 따라 소련과의 체제 경쟁에서 다급해진 미국이 적극 권유하고 의도했던 일이기도 했습니다. 아시아·아프리카·남아메리카에서 신생 국가들이 줄을 이어 독립하고 있던 시기였기에 휴전선을 경계선으로 각각 미국식 정치경제 체제와 소련식 정치경제 체제를 형성하고 있던 남과 북은 체제 경쟁의 전시장이었거든요. 미국이 휴전선 남쪽의 경제성장에 관심을 가진 이유입니다.

쿠데타 세력의 구상은 1961년 5월 16일 바로 그날 새벽에 발표된 '혁명공약'에서 확연히 드러납니다. 육군 소장 박정희를 중심으로 한 쿠데타 세력은 한강다리를 넘어와 새벽 네 시에 당시 남산에 있던 KBS를 점령했습니다. 총을 든 군인들은 방송사에 들어와 아나운서를 찾았습니다. 박정희 소장이 당황하는 아나운서에게 다가가 직접 '혁명공약'을 방송하라고 요구했습니다. 새벽에 전파를 탄 '혁명공약'은 6개 항이었습니다.

첫째, 반공을 국시의 제1의로 삼고 지금까지 형식적이고 구호에만 그친 반공태세를 재정비 강화한다.

둘째, UN헌장을 준수하고 국제협약을 충실히 이행할 것이며 미국을 위시한 자유우방국과의 유대를 더욱 공고히 한다.

셋째, 이 나라 사회의 모든 부패와 구악을 일소하고 퇴폐한 국민도의와 민족정기를 바로잡기 위하여 청신한 기풍을 진작시킨다.

넷째, 절망과 기아선상에서 허덕이는 민생고를 시급히 해결하고 국가 자주경제 재건에 총력을 기울인다.

다섯째, 민족의 숙원인 국토통일을 위하여 공산주의와 대결할 수 있는 실력배양에 전력을 집중한다.

여섯째, 이와 같은 우리의 과업이 성취되면 참신하고도 양심적인 정치인들에게 언제든지 정권을 이양하고 우리들 본연의 업무로 복귀할 준비를 갖춘다.

그날 이후 뉴스 시간마다 반복해 방송된 '혁명공약'은 '반공태세

강화'를 전면에 내세우면서 네 번째에 '자주경제 재건'을 제시했습니다. 박정희의 경제계획을 높이 평가하는 관점도 있는데요. 경제계획은 이미 4월혁명 뒤 민주당 정부도 세우고 있었고, 그 이전에 조봉암의 진보당 강령이었다는 사실도 인식할 필요가 있습니다.

쿠데타로 권력을 거머쥔 박정희는 선거를 고심합니다. 선거를 통해 쿠데타를 합법적으로 포장할 계산이었지요. 1962년 12월 17일 대통령 중심제를 골자로 한 헌법 개정안이 통과되고 1963년 1월 1일 정당 활동이 다시 허용되면서 새로운 정당들이 우후죽순 생겨났습니다.

군정 기간에 국가재건최고회의 의장이자 대통령 권한대행과 육군 대장을 겸임한 박정희도 군복을 벗고 예편하면서 대선 출마를 선언했습니다.

선거관리의 공정을 기한다며 1963년 창설된 중앙선거관리위원회가 나서면서 제5대 대통령 선거에서는 적어도 투표와 개표 과정에 노골적인 선거부정은 사라졌습니다. 각급 선거관리위원회에 야당 추천 위원도 참여했습니다. 선거권은 만 20세 이상 국민에게, 피선거권은 선거일까지 계속해 5년 이상 국내에 거주한 40세 이상의 국민에게 주어졌습니다. 후보자가 되기 위해서는 반드시 정당의 공천이 필요했습니다.

후보등록 결과 총 7명의 후보가 출마했습니다. 하지만 선거전은 초반부터 '혁명과업 완수 대 민정수립'이라는 대결구도 아래 민주공화당의 박정희 후보와 민정당의 윤보선 후보의 양강 대결구도였

"빠짐없이 투표하여 이룩하자 복지사회!"
ⓒ중앙선거관리위원회

습니다.

　흥미로운 것은 중앙선관위의 대통령 선거 홍보 포스터에 적힌 문구입니다. 공명선거를 강조하며 "빠짐없이 투표하여 이룩하자 복지사회!"라는 구호를 부각하고 있습니다. 복지사회를 바라는 민중의 갈망이 반영되었다고 볼 수 있겠지요.

　박정희 후보는 '새 일꾼에 한 표 주어 황소같이 부려보자'는 구호 아래 제1차 경제개발 5개년 계획 추진, 수출 진흥, 공명선거 거듭 보장, 정치풍토 개선을 공약으로 내걸었습니다. 윤보선 후보는 '군정으로 병든 나라 민정으로 바로 잡자'는 구호를 내걸고 군의 정치적 중립, 정치 간섭 엄금, 법치주의 확립에 의한 신질서 건설 확립, 식량위기 해소, 외자도입 촉진을 약속했습니다.

선거는 1963년 10월 15일에 치러졌습니다. 박정희 후보가 2위 윤보선 후보와 득표율 1.5퍼센트, 표 차 15만 6026표라는 초박빙 접전 끝에 당선되었습니다.

유신헌법의 등장과 독재정권의 몰락

박정희가 선거를 통해 집권하며 나름대로 정치적 안정을 찾자 미국은 자신들의 동아시아 전략 연장선에서 일본과의 국교 정상화를 '권고'했습니다. 박정희 정부 또한 경제개발에 필요한 자본을 확보해야 할 필요성도 있었기에 서둘러 국교 정상화 협정을 맺었습니다. 마침 일본 또한 그 시기에 고속으로 경제성장을 하던 상황이어서 후방기지로서 한국이 필요했습니다. 결국 세계경제의 분업구조 속에 편입되면서 외국 자본에 의존해 수출을 중심에 둔 경제성장 정책이 확고하게 자리 잡았습니다.

수출중심 경제성장 정책의 성과는 곧 나타났습니다. 경제정책이 아예 없었다고 해도 과언이 아닌 1950년대 후반에 2000만 달러 선을 맴돌던 수출 총액은 쿠데타 이듬해인 1962년에 이미 5700만 달러로 늘어났습니다.

수출이 성과를 거두면서 박정희 정부는 수출산업에 한해 외국자본 도입의 제한을 모두 풀었습니다. 수출액이 양적 수치로 나타남으로써 국민을 동원할 수 있는 효과가 크다는 사실을 확인한 박정희 정부는 1964년 후반기 이후 '수출입국'을 강조하기 시작했습니다. 그해 6월 수출진흥 종합시책을 마련한 박정희 대통령은 10월 들어 자립경제의 기초를 확립하는 제1과제가 수출 진흥을 통한 외화 획득이며 따라서 경제시책의 중요한 목표를 '수출 제일주의'로 삼아야 한다고 주장했습니다. 수출이 처음 1억 달러를 달성한 1964년 12월 5일을 '수출의 날'로 제정하며 '수출만이 살길'이라고 국가 자원을 집중해갔지요.

박정희의 수출입국 정책은 당시 휴전선 북쪽의 조선민주주의인민공화국에 비해 경제력이 현저히 떨어져 있던 대한민국을 자본주의 발전의 모델로 만들려는 미국의 의도와 일치해 가속도를 낼 수 있었습니다. 섬유, 식료품, 의료를 비롯한 수입대체 산업에서 서서히 벗어나 화학비료 공장과 시멘트공장, 정유공장들이 세워지기 시작했습니다. 일본과의 국교 정상화로 인한 대일 청구권과 베트남전 참전으로 확보한 자본이 밑절미가 되었습니다. 그 과정에서 미국의 영향력이 컸던 것은 물론입니다.

물론, 여기서 모든 걸 미국의 도움으로 돌려야 한다고 주장할 생각은 전혀 없습니다. 실체 이상으로 미국의 힘을 과대평가하거나 우리의 힘을 과소평가하는 것은 큰 오류입니다. 다만 있는 그대로 현실을 바라볼 필요가 있습니다. 이승만 정부가 대대적 부정선거를 획책한 1960년 2월부터 1965년 한일국교 정상화에 이르는 시기에 대한민국은 혁명과 쿠데타, 시위로 격동의 세월을 보냈습니다. 미국은 그 주요 국면마다 직간접적으로 개입한 게 엄연한 사실입니다. 군부쿠데타가 뿌리내리고 박정희 정부가 수출입국으로 방향을 정해가는 과정에서 미국은 틀을 만드는 '빅 브라더'였습니다.

한국 경제와 사회는 '수출 지상주의'로 달려갔습니다. 그 결과입니다. 1967년 제6대 대통령 선거에서 박정희는 윤보선에 116만 표차이로 낙승했습니다. 박정희 정권은 대통령 선거 못지않게 곧 이은 제7대 국회의원 선거에도 사력을 다했습니다.

제3공화국 헌법은 대통령의 임기를 4년으로 하고 1차에 한하여 중임할 수 있었는데, 집권여당은 3선 개헌을 염두에 두고 개헌이 가능한 3분의 2 이상의 의석을 차지하고자 했습니다. 이를 위해 노골적인 관권선거와 금권선거를 자행했습니다.

실제로 박정희는 1969년 들어서면서 대통령 3선을 목적으로 한 개헌을 추진했습니다. 정부여당은 야당인 신민당 의원 3명을 포섭해 '개헌선'을 확보하고, 대한반공연맹과 재향군인회를 비롯한 50여 개의 사회단체들을 동원해 3선 개헌을 지지한다는 성명을 발표하게 했습니다.

신민당은 '3선 개헌 반대 범국민투쟁위원회'를 열고 개헌반대 투쟁에 나섰습니다. 전국 대학가에서도 장기집권을 막기 위한 개헌반대 시위가 연일 벌어졌습니다. 그러나 결국 9월 14일 일요일 새벽 2시 국회 본회의장에서 점거농성을 하고 있던 신민당 의원들을 따돌리고 국회 제3별관에 여당계 의원 122명이 모여 기명투표를 통해

제7대 대통령 선거 당시 박정희 후보와 김대중 후보의 선거 벽보. ⓒ중앙선거관리위원회

찬성 122표, 반대 0표로 개헌안을 날치기 통과시켰습니다.

국회를 통과한 헌법개정안은 국민투표에서 65.1퍼센트의 찬성으로 확정되었고, 박정희는 1971년 4월 27일 치러진 제7대 대통령 선거에서 3선에 성공했습니다. 박정희 후보와 신민당의 김대중 후보가 맞붙은 선거에서 40대의 젊은 후보 김대중은 박정희가 주도한 성장 중심의 개발 정책을 비판하고 남북 교류를 주장했습니다.

주목할 것은 김대중 후보가 "이번에 정권을 바꾸지 못하면 박정희가 총통제를 도입해 종신 집권할 것"이라고 경고한 대목입니다. 김대중의 경고에 박정희는 총통제 의혹을 부인하며 "마지막 대선 출마"라고 눈물로 호소했습니다. 박정희 후보가 634만 표를 얻어

539만 표를 얻은 김대중 후보를 눌렀습니다.

하지만 박정희는 3선에 만족하지 않았지요. 더구나 정부 역량을 총동원했음에도 김대중과의 표 차이가 크지 않다는 사실에 불안감을 느꼈습니다. 눈물로 종신집권 의혹을 부정했지만, 바로 이듬해에 '유신'을 선포합니다.

1972년 10월 17일 박정희 대통령은 '우리 민족의 지상과제인 조국의 평화적 통일'을 뒷받침하기 위해 '정치체제를 개혁한다'고 선언합니다. 국회를 해산하고 전국에 비상계엄령을 선포했습니다. 민주헌정 질서를 아무런 법적 근거 없이 중단시킨 '친위 쿠데타'였습니다.

곧이어 박정희는 비밀리에 만들어놓은 헌법개정안을 공개하고 11월 21일 국민투표를 통해 '유신헌법'을 확정했습니다. 아예 대통령 직선제를 폐지하며 통일주체국민회의를 통한 간접선거 방식으로 대통령을 선출함으로써 '종신 집권'이 가능해졌습니다.

11월 21일 확정된 유신헌법에 의해 '통일주체국민회의' 대의원 선거가 12월 15일 서울 장충체육관에서 치러졌습니다. 12월 23일에 통일주체국민회의는 제8대 대통령 선거를 치렀는데요. 단독 출마한 박정희 후보가 통일주체국민회의 대의원들의 99.9퍼센트 지지를 얻어 당선되었습니다. 무효표가 2표 나왔을 뿐이고 반대표는 전혀 없었습니다. 민주주의 국가의 자유선거에서는 찾아볼 수 없는 결과이지요.

유권자들은 유신체제의 대통령 선거를 '체육관 선거'라고 비판했

통일주체국민회의 대의원 선거 담화문. ⓒ중앙선거관리위원회

습니다. 취임식 또한 장충체육관에서 거행되었지요. '체육관 대통령'이란 말이 나온 이유입니다.

제4공화국의 '유신체제'에서 정당 정치는 유명무실화하고 정치권력은 박정희 개인에게 집중됐습니다. 중앙정보부의 권력은 막강해져 초법적 보안기구로 군림했습니다. 박정희에 대한 개인숭배가 신문과 방송을 통해 퍼져갔지요.

박정희 대통령은 유신체제에 반대하는 민주화운동에 강경책으로 맞섰습니다. 이른바 '인혁당^{인민혁명당}재건위원회' 사건을 조작해 민주주의를 요구하는 민주시민 8명을 처형하는 만행을 서슴지 않았습니다.

또다시 좌절된 민주화 열망

민주주의를 요구한 지식인들을 거침없이 처형하는 모습에서 우리는 일본이 파시즘으로 치닫던 시기에 충성을 다짐하는 혈서를 쓰며 일본 육군사관학교를 졸업한 장교 박정희를 떠올리지 않을 수 없습니다. 대통령 개인에게 막대한 권한을 집중시킨 유신체제는 국회의 기능과 국민의 기본권을 제한하고 절차적 민주주의조차 부정했습니다.

유신헌법 이후 대통령 선거는 경쟁이라는 최소한의 명목마저 사라진 유명무실한 제도가 되었습니다. 쿠데타로 집권한 박정희가 선거를 유린한 결정판이라고 할 수 있지요.

대통령을 직접 내 손으로 뽑지 못하는 상실감은 폭넓게 퍼져갔습니다. 민주화운동이 커져갈수록 유신체제의 탄압은 점점 극악해졌습니다. 유신체제에 대해선 아예 어떤 논쟁도 할 수 없었습니다.

하지만 침묵하던 민중의 뜻이 1978년 12월 12일의 10대 총선에서 확연히 나타납니다. 박정희의 민주공화당이 68명, 신민당이 61명, 무소속 22명이 당선되었습니다.

박정희의 집권여당이 여전히 다수당이 되었지만 문제는 득표율입니다. 신민당의 득표율34퍼센트이 민주공화당32퍼센트보다 높았거든요. 당시 그나마 사실보도에 충실했던 동아일보는 1978년 12월 13일자 1면 머리기사로 "신민 득표율서 공화 앞질러" 제목을 큼직하게 달았습니다.

1978년 12월 13일자 동아일보 1면.

　민주화를 열망하는 민심은 마침내 1979년 10월에 부산과 마산에서 유신헌법 철폐와 군사독재 타도를 외치는 민중항쟁으로 분출했습니다. 공수부대의 거친 진압에 멈칫했지만 부마 민중항쟁은 유신체제 내부를 균열시키는 역사적 성과를 거뒀습니다.

　1979년 10월 26일 중앙정보부 부장 김재규는 정보부가 관리하는 은밀한 연회장에서 여성 연예인들을 좌우로 앉히고 술을 마시던 대통령 박정희와 그의 비위를 맞추던 경호실장 차지철을 권총으로 살해했습니다.

　대통령이 중앙정보부장에 살해당한 10·26 정변으로 유신체제의 지배세력은 혼란에 휩싸였습니다. 군부 수뇌부들은 계엄사령관으로 임명된 정승화 육군참모총장을 구심점으로 '국가 보위'를 위해 단결하자고 결의했지요.

정변 시점에 국군보안사령관으로 자연스럽게 합동수사본부장을 맡은 전두환 소장은 11월 6일에 박정희 시해는 김재규 중앙정보부장의 단독 범행이라는 수사 결과를 발표했습니다. 전두환은 "정승화 총장이 육군본부 벙커에 도착 후 신속한 조치를 취함으로써 문제가 확대되지 않고 질서 정연히 사태를 수습했다"고 밝혔습니다. 육군 소장 전두환은 또 박정희가 죽은 직후인 10월 26일 밤에 "정승화 총장이 김재규의 말을 듣고 중앙정보부로 갔으면 큰 혼란이 초래되었을 것이다. 정 총장이 육군본부로 가자고 하였다"라고 발표했습니다.

수사 결과가 나오고 정국이 상대적 안정을 찾으면서 정승화 계엄사령관은 박정희 대통령의 '총애'를 받으며 주요 보직을 독점해 온 '정치군인'들이 위험하다고 본능적으로 직감했습니다. 그들을 수도권에서 멀리 보내는 인사를 구상한 이유이지요. 대표적으로 전두환을 보안사령관에서 '동해안 경비사령관'으로 발령 낼 예정이었습니다.

하지만 정승화는 방심했습니다. 자신이 곧 전보될 것이라는 사실을 미리 입수한 전두환은 그를 키워준 박정희가 1961년에 그랬듯이 '선수'를 쳤습니다.

전두환은 '정치군인'들과 모의해 정승화 계엄사령관이 김재규의 '대통령 시해'에 간접적으로 연루되어 있다는 혐의를 조사한다는 명분을 내걸었습니다. 1979년 12월 12일, 전두환과 노태우를 중심으로 '하나회' 구성원들은 최규하 대통령이 계엄사령관 연행을 승인하지 않았는데도 불법으로 정승화 체포에 나섰습니다. 명백한 '하극상'이요, '군사 반란'이었지요. 그에 동조하지 않은 정병주 특전사령관과 장태완 수도방위사령관에겐 거침없이 권총을 꺼내 들었습니다. 그 과정에서 총격전으로 영관급 장교를 사살하는 유혈사태를 서슴지 않았습니다.

박정희가 사망한 뒤 국무총리로 대통령 권한대행을 맡은 최규하는 유신헌법을 비판만 해도 곧장 구속했던 '긴급조치'를 해제하면서 개헌 논의에 물꼬를 텄습니다. 민주화운동으로 감옥에 갔던 민주화운동가들이 복권되었고, 곧 유신체제를 마감하고 민주화가 이뤄지리라는 기대가 국민 사이에 퍼져갔습니다.

전두환의 이른바 '신군부'는 자신들의 실권 장악을 은폐하며 12월 21일 최규하를 제10대 대통령에 앉힙니다. 물론 실권은 이미 전두환이 확고하게 거머쥐고 있었습니다.

신군부는 1980년 1월 군 장성들의 대대적인 물갈이를 통해 12·12 군사 반란에 비판적인 장성들의 옷을 벗기거나 보직 변경을 단행했습니다. 전두환은 4월 14일에 공석이던 중앙정보부장까지 겸임했습니다.

박정희 대통령 사망 이후 국민들은 민주적 선거에 의해 대통령이 선출될 수 있으리라 기대하면서 민주화운동에 동참했던 정치인 김영삼과 김대중에 주목했습니다. 그러나 전두환을 중심으로 군부의 실세가 된 정치군인들은 최규하 정부를 압박하면서 집권 시나리오를 은밀히 진행해갔습니다.

신군부의 정권 장악 움직임에 맞서 대학가에선 1980년 봄부터 시위가 일어났습니다. 유신 철폐와 '민주헌법 제정'을 요구하는 학생들은 5월로 들어서면서 최규하 정부의 미온적인 태도와 신군부의 실권 장악을 규탄하며 거리로 나왔습니다.

민주화운동을 해온 사회 원로들은 최규하 대통령에게 유신헌법 폐지와 민주적 선거를 요구했습니다. 여·야도 5월 20일에 임시국회를 열어 계엄령 해제와 유신헌법 개정을 논의하기로 합의했습니다.

5월 14일과 15일 서울지역 대학생들은 계엄령 상황임에도 시내에서 대규모 시위를 벌였습니다. 국무총리 신현확은 5월 15일 담화문을 발표해 국회와 협의해 모든 정치 일정을 최대한 앞당기겠다며 학생들에게 자제를 요청했습니다. 학생들은 정부의 발표를 믿으며 앞으로의 논의를 지켜보기로 했지만 돌연 '전두환의 신군부'가 총칼을 들고 전면에 나섭니다.

신군부는 이미 자신들의 집권 시나리오에 따라 정권을 장악하기 위해 비상계엄 전국 확대와 국회 해산, 비상기구 설치를 뼈대로 한 대처방안을 마련해놓고 있었습니다. 대학생들이 시위를 자제키로 하고 여야가 5월 20일에 임시국회를 열기로 합의한 상황에서 신군부는 5월 17일 자정을 기해 비상계엄을 전국으로 확대한다며 행동에 들어갔습니다.

신군부는 총칼로 국회를 비롯해 모든 정치 활동을 중단시켰습니다. 김대중과 김종필을 비롯한 정치인과 재야인사들을 체포하고 김영삼은 자택에 연금했습니다. 전국의 모든 대학에 휴교령을 내리고 각 대학과 주요 도시에 공수특전단을 비롯한 군부대를 전격 투입했습니다.

박정희 대통령 사망 이후 국민은 유신체제에서 벗어나 민주주의 사회로 이행할 것을 기대하고 있었습니다. 그러나 전두환을 비롯한 신군부가 민주주의 요구를 무력으로 짓밟고 권력을 장악함으로써 '서울의 봄'은 삽시간에 한겨울을 맞았습니다.

광주 항쟁과 직선제 개헌운동

전두환과 군부의 시퍼런 서슬에 모두 숨죽일 때, 광주의 민중들이 일어났습니다. '신군부'의 총칼에 맞서 당당히 비상계엄 해제를 요구하고 나섰습니다. 공수부대가 발포하며 잔혹한 진압에 나섰지만, 광주 민중은 '시민군'을 조직하고 무장해 그들을 도시에서 몰아내는 역사적 항쟁을 일궈냅니다.

하지만 미국의 지원을 받고 전방부대까지 동원한 전두환 군부는 5월 27일 탱크를 앞세워 광주로 들어가 민주주의를 요구하며 전남도청을 지키고 있던 민중들을 학살했습니다. 신군부는 그 과정에서 김재규를 비롯해 박정희 살해와 관련된 사람들을 5월 24일 처형했습니다.

광주민중항쟁을 피로 물들인 전두환 군부는 더는 눈치 보지 않았습니다. 5월 31일 국가보위 비상대책위원회를 열고 8월에는 대통령 최규하를 물러나게 합니다. 9월 1일 전두환이 제11대 대통령으로 취임하고 10월 27일 제5공화국 헌법을 공포했습니다. 12월 초에 전두환을 중심으로 한 민정당^{민주정의당}을 창당하고, 1981년 3월 3일 전두환은 5공화국 헌법에 따라 통일주체국민회의대의원에서 대통령 선거인단으로 바뀌었을 뿐인 체육관 선거를 통해 제12대 대통령에 취임합니다.

5공화국 헌법은 1인 장기집권을 배격한다며 대통령 중임을 금지하는 대신 임기를 7년으로 늘렸습니다. 국회의원의 3분의 1을 대통령이 추천하는 제도도 폐지하고, 국회의 권한을 강화하였습니다. 대통령의 일반법관 임명권을 폐지하고 대법원장이 그 권한을 갖게 함으로써 사법부의 독립성을 강화하였지요.

5공화국 헌법은 유신헌법과 차별성을 두려고 국회의 권한과 사법부의 독립성을 강화했다고 홍보했으나 권력창출의 핵심인 대통령 간선제는 놓지 않았습니다.

〈표 3〉에서 보듯이 '체육관 대선'은 모두 다섯 차례였습니다. 제4공화국의 유신헌법으로 박정희가 두 차례, 최규하와 전두환이 한 차례 당선되었습니다. 12대 대통령은 5공화국 헌법을 따랐지요. 다섯 차례 모두 투표율과 득표율에서 나타나듯이 비민주적 선거였습니다.

제12대 대통령 선거 당시 전두환의 선거 공보.
ⓒ중앙선거관리위원회

　전두환 정부는 박정희가 그랬듯이 쿠데타로 성립된 군사독재 정권이었습니다. 실제로 1961년부터 군 출신들이 행정부와 입법부의 주요 '공직'을 차지하며 권세와 부를 누렸습니다.

　그런데 박정희의 쿠데타와 달리 전두환의 쿠데타 과정에선 수백여 명의 민중이 학살당했기에 5공화국은 내내 '학살 정권'이라는 비판을 받았습니다. 물가안정과 서울올림픽 유치를 업적으로 내세웠지만, 학살에 이은 부정부패와 민주화운동 탄압, 성고문과 물고문 따위의 폭정을 저질렀지요.

　총칼을 앞세워 민중을 학살하고 등장한 5공화국은 초반에 사뭇 기세가 등등했습니다. 하지만 민중의 힘은 다시 선거로 나타났습니다. 1985년 2·12총선이 그것입니다.

〈표 3〉 대통령 간선제의 투표율과 득표율

	선거일	당선자	투표주체	투표율	득표율
8대	1972년 12월 23일	박정희	통일주체 국민회의	100	99.9
9대	1978년 7월 6일	박정희		99.9	99.9
10대	1979년 12월 6일	최규하		99.6	96.7
11대	1980년 8월 27일	전두환		99.4	99.9
12대	1981년 2월 25일	전두환	선거인단	99.9	90.2

민중은 투표를 통해 전두환 정부를 심판했습니다. 신군부가 권력을 장악하는 과정에서 정치활동을 금지시킨 이른바 '구태 정치인'들에게 전두환은 총선을 앞두고 출마의 길을 열어주었습니다. 야권이 분열되면 자신들이 압승하리라는 계산이었지요.

하지만 착각이었습니다. 김영삼이 앞장서고 김대중이 지원한 신민당이 창당 25일 만에 총선을 치렀음에도 제1야당으로 올라섰습니다. 전두환의 민정당은 예상과 달리 35.2퍼센트 득표에 그쳤지만 신민당은 29.3퍼센트를 얻었고 그때까지 제1야당으로 활동해온 민한당은 존재감이 급격히 사라졌습니다. 사실상 신민당의 승리였지요.

1980년대 민주화운동의 전환점을 이룬 2·12총선의 돌풍을 일으킨 동력은 바로 새로운 유권자들의 첫 투표였습니다. 이른바 '베이비붐 세대'가 투표에 나서기 시작하면서 20대와 30대 유권자가 전체의 60퍼센트에 이르렀습니다. 창당하고 25일의 짧은 선거운동

기간 내내 신민당은 젊은 세대의 투표 동참을 호소했습니다.

선거로 힘을 얻은 신민당 지도부는 1985년 8월 전당대회를 통해 대통령 직선제 개헌을 공식당론으로 확정하고 이를 12대 국회의 최우선 의제로 설정했습니다. 군부의 장기집권을 법적으로 보장했던 제5공화국 헌법을 개정하는 운동이 2·12총선 직후부터 야당과 민중운동 진영에서 불붙기 시작한 거죠.

1985년 9월 신민당은 정기국회에서 '개헌을 위한 특별위원회^{개헌특위}' 설치를 공식 제안했습니다. 대통령 직선제 개헌론을 둘러싸고 집권당인 민정당과 신민당의 갈등이 격심해졌습니다.

민주화운동 내부에서도 본격적인 개헌 논의가 시작됐습니다. 민중운동 단체들은 전두환 정권의 퇴진을 전제로 완전한 민주정부 수립, 나아가 민중민주주의 실현을 목표로 삼은 개헌론을 제기했습니다. 직선제 개헌을 중시한 흐름과 함께 학생운동과 민중운동 일각에선 '민중이 주인 되는 새로운 사회'를 투쟁 목표로 내걸었습니다.

내 손으로 대통령을 뽑겠다는 직선제 개헌 운동은 1987년 들어 민중항쟁으로 타올랐습니다.

6

민주화 시대의
꿈과 도전

선거에서 부정을 저지른 권력이 4월혁명의 도화선이었듯이 1987년 6월대항쟁에 나선 민중들의 공감대를 이룬 요인도 선거였습니다. '체육관 선거'는 민의를 왜곡하는 '부정 선거'와 다름없다는 생각이 퍼져 있었습니다. 민주주의에서 투표의 위상이 얼마나 중요한가를 새삼 확인할 수 있지요. 1987년 들어 박종철이 고문으로 살해당하자 직선제 개헌운동은 더 힘을 얻습니다. 하지만 전두환 대통령은 여전히 강경했습니다. 4월 13일 텔레비전으로 생중계된 '연설'에서 대통령 전두환은 경직된 표정으로 현행 헌법에 따라 연내 대통령 선거를 치르겠다고 공언했습니다

직선제로 치러진 제13대 대통령 선거

전두환은 "평화적인 정부 이양과 서울 올림픽이라는 국가 대사를 성공적으로 치르기 위해 국력을 낭비하는 소모적인 개헌 논의를 지양"한다며 제5공화국 헌법으로 1988년 2월 정부를 이양하고 그에 따른 대통령 선거인단 선거 및 대통령 선거를 연내에 실시한다고 밝혔습니다. 바로 다음 날 법무부장관은 "개헌 논의를 빙자해 실정법을 위반하는 행위는 엄단하겠다"며 구속수사를 원칙으로 수사 검사가 공판에 직접 관여하여 법정 최고형을 구형하라고 지시했지요.

마치 권력의 무서움을 일러주겠다는 듯이 이튿날 열린 검찰의 전국 공안부장 검사회의에서도 대검은 "모든 시위·농성 등의 집단행동이나 성명서 발표뿐만 아니라 옥내 집회도 사회적 불안을 야기할 우려가 있으면 단속하고, 나아가 문제 인물과 단체 등의 동향을 철저히 파악해 사전 대처하라"고 강경한 자세를 보였습니다.

하지만 민중의 반응은 전두환의 예상과 전혀 달랐습니다. 수그러들기는커녕 곧장 '호헌 반대' 서명운동을 벌이며 삭발과 단식으로 개헌운동을 전개했습니다.

제도권 정당들과 민주화운동 단체들은 1987년 5월 27일 '민주헌법쟁취 국민운동본부'를 중심으로 반정부연합전선을 형성했는데요. 여러 성격이 다른 반정부 단체들을 하나로 통합하며 민주화운동을 벌이는 공통된 기반이 바로 '대통령 직선제'였습니다.

'국민운동본부 결성선언문'은 대통령 직선제 개헌 운동을 "단순히 헌법상의 조문 개정을 뛰어넘어 유신 이래 빼앗겨온 정치·경제·사회·문화 등 모든 생활 영역에서 기본 권리를 확보하기 위함이며, 이를 위해 무엇보다도 정부 선택권을 되찾음으로써 실로 안으로 국민 다수의 의사를 실행하고 밖으로 민족의 이익을 수호할 수 있는 정통성 있는 민주정부의 수립을 가능케 함"이라고 규정했습니다.

박종철이 고문으로 숨진 데 이어 대학에서 시위를 벌이던 이한열이 최루탄에 맞아 절명하면서 군부독재에 맞선 민주화운동이 활활 타올랐습니다. 1980년 5월의 광주를 피로 물들인 학살극이 서울에서 재현될지 모른다는 공포가 퍼져갔지만 민중은 주눅 들지 않았고 거리로 나섰습니다.

민주주의를 요구하는 민중들이 광화문 네거리에서 남대문까지 아스팔트를 가득 메우며 연인원 400~500만 명이 참여한 6월대항쟁은 6·10대회로부터 6·29선언까지 20일 내내 줄기차게 이어졌습니다.

정점은 6월 26일 국민평화대행진이었습니다. 전국 33개 시·군·읍에서 180만여 명이 시위에 참여했습니다. 그날 하루에만 3467명이 연행되었고, 경찰서 두 곳, 파출소 스물아홉 곳, 민정당 지구당사 네 곳, 숱한 경찰차들이 돌과 화염병에 부서지거나 불타올랐지요. 당시를 해직언론인의 대부로 불리던 언론인 송건호는 다음과 같이 썼습니다.

"곤봉과 투구, 방패로 무장하고 훈련을 받은 경찰이 무자비하게 폭력을 자행하고 최루탄이라는 순화된 이름으로 알려진 독가스탄을 마구 난사했음에도 대한민국을 구성하고 있는 남녀노소들이 거리로 쏟아졌다. 무리를 지어 돌을 던지며 경찰과 공방전을 벌였다. 시위에 직접 가담하지 않은 사람들도 시위로 인한 불편에 눈살을 찌푸리기는커녕 밝은 얼굴로 박수를 치고 물을 뿌리고 돈을 걷어주었다. 진압 방법이 갈수록 잔인해지고 무더기로 체포·연행하고, 불과 몇 년 전 낭자한 선혈 속에 수천 명의 시위 군중을 총칼로 짓이긴 무장군인의 동원이 다시 거론됐어도 그들은 생업조차 뒷전으로 미뤄둔 채 거리로 내달았다."

전두환 정부는 민중적 저항에 직면해 탈출구를 찾았습니다. 6월 29일 민정당 후보 노태우가 호헌을 선언한 전두환에 마치 정면으로 맞서기라도 하는 듯이 직선제를 수용하겠다고 전격 발표했습니다. 언론은 이를 '6·29선언'으로 대대적으로 보도했지만, 실상은 달랐습니다. 전두환과 노태우가 머리를 맞대고 치밀하게 준비한 군부 재집권 전략의 전술적 후퇴였습니다.

국민적 요구인 직선제 개헌이 쟁취된 셈이지만 전두환에 맞선 '노태우의 용기와 결단'으로 이루어진 듯이 청와대가 포장했고 모든 언론이 그대로 따랐지요. 6·29선언은 당시 상황에서 군부독재 정권이 취할 수 있는 가장 적극적이고 효과적인 공격이었습니다.

전두환 기획에 노태우 연출인 6·29선언은 민중의 승리인 동시에 반격을 위한 지배세력의 기만책이라는 양면성을 지니고 있었습니다. 그럼에도 직선제를 받아들이겠다는 6·29선언으로 민중항쟁의 열기가 빠르게 가라앉았지요.

다만 노동인들은 만족하지 않았습니다. 7·8·9월 석 달에 걸쳐 전국적인 투쟁에 나섰습니다. 노동인들의 요구는 소박했습니다. 과격한 정치적 주장이라곤 없었고 인간답게 살고 싶다며 아우성쳤지요. 8시간 노동, 노동악법 개정, 노동3권 보장, 자유로운 노조결성 보장, 블랙리스트 철폐, 생존권 보장, 작업조건 개선, 저임금 개선 들로 모두 기본적이고 보편적인 권리 요구였습니다.

하지만 6월대항쟁도 노동인대투쟁도 기득권세력의 장벽을 넘어서지 못했습니다. 박정희와 전두환으로 이어진 군부독재 체제는 견고했습니다. 전두환과 노태우는 직선제를 수용하며 7월 9일 김대중을 사면복권 했습니다. 그들이 예상했듯이 민주화운동에 나섰던 두 정치인, 김영삼과 김대중은 서로 자신이 대통령이 되어야 '순리'라고 주장했습니다.

전두환 정부는 두 김 씨가 백중세를 이뤄 서로 양보하지 않도록 정치공작을 벌였습니다. 의식했든 못 했든 언론은 두 김 씨 사이의 경쟁을 자극적으로 보도해갔지요.

6·29선언 이후 단계적으로 이루어진 제도 정치권의 개헌협상 과정에서 집권여당인 민정당과 민주당은 각각 개헌안 시안을 마련했습니다. 8월 3일부터 시작된 집권당과 야당의 8인 정치회담은 8월 31일 전문과 130개 조항의 본문에 합의를 이끌어냈고 9월 16일에 부칙까지 합의했습니다. 19차에 걸친 회의 끝에 8인 정치회담에서

합의된 내용을 넘겨받은 '헌법개정 특별위원회'는 9월 17일 전문과 본문 10장 130조와 부칙 6조로 구성된 개헌안을 국회에 제출했습니다.

대항쟁을 이끈 국민운동본부도 7월 13일 산하에 헌법개정 특별위원회를 설치하고 8월 4일에 〈헌법개정요강〉이라는 자료를 발간했으나 제도 정치권의 민정당과 민주당이 개헌 작업을 주도했습니다. 그 결과, 학생운동과 노동운동을 비롯해 민중운동 진영에서 논의되었던 새로운 사회 구상이나 다양한 기획들이 전혀 반영되지 못했지요. 직선제 헌법 개정과 13대 대통령 선거과정을 통해 여야 정당을 비롯한 제도정치의 영역은 급속히 활성화된 반면 민중운동의 정치적 영역은 위축되어갔습니다.

국민적 관심은 헌법보다 김영삼·김대중의 후보단일화에 쏠렸습니다. 재야단체와 정치권에서 단일화를 주장하는 목소리가 높아갔지만 끝내 결렬됐습니다. 10월 10일 김영삼이 대통령 선거 출마를 발표하자, 김대중은 10월 18일 통일민주당을 탈당하고 11월에 평화민주당평민당을 창당했습니다.

국회는 제헌국회 이후 최초로 여야 합의에 의한 헌법개정안을 가결했습니다. 국회를 통과한 개헌안은 국민투표에서 93·1퍼센트의 찬성을 얻어 29일 최종 공포되었습니다. 대통령은 '국민의 보통·평등·직접·비밀 선거에 의하여 선출한다'는 6공화국 헌법에 따라 1987년 12월의 제13대 대통령 선거는 유신체제 이전인 1971년 7대 대통령 선거 이후 16년 만에 직접선거로 치렀습니다.

민주세력의 분열

노태우는 선거에서 '위대한 보통 사람의 시대'를 슬로건으로 내세워 친근한 이미지를 구축했습니다. 6·29선언을 내세워 자신만이 '정치적 안정을 지킬 후보'라 홍보하고 상대 후보에는 색깔 공세를 취했습니다. 특히 선거 18일 전인 11월 29일에 KAL858기 폭파 사건이 벌어지며 안보 불안감을 자극했습니다. 비행기 폭파범인 김현희가 선거 전날인 12월 15일 압송되고, 그 장면이 TV 방송으로 생중계됐습니다.

노태우 후보는 인천국제공항, 경부고속철도, 서해안고속도로 등 사회간접자본 건설 공약을 많이 내놓았습니다. 대통령에 당선되면 중간평가를 받겠다는 공약과 함께 토지 공개념 확대, 재벌의 소유·경영 분리를 다짐했습니다.

1987년 12월 16일 치러진 13대 대통령 선거에 민주정의당의 노태우, 통일민주당의 김영삼, 평화민주당의 김대중, 신민주공화당의 김종필 등 6명이 출마했습니다. 이 선거에서 노태우는 36.6퍼센트[828만 표]의 득표율로 대통령에 당선됐습니다. 김영삼은 28.0퍼센트[633만 표], 김대중은 27.1퍼센트[611만 표]를 얻었습니다.

이른바 '두 김 씨'라 불려온 김영삼·김대중의 분열은 노태우가 36.6퍼센트로 당선되는 가장 큰 원인이 됐습니다. 결국 수많은 사람들의 피로 쟁취한 대통령직선제로 치러진 선거에서 김영삼과 김대중이 단일화 요구를 외면함으로써 군부의 재집권이 가능했습니

제13대 대통령 선거 당시 선거 벽보.
©중앙선거관리위원회

다. 대통령 직선제로 헌법을 수정한 기쁨이 채 가시기도 전에 바뀐 제도에서 정작 군사정권의 후보가 당선되는 슬픔을 맛본 거죠.

노태우는 13대 대통령으로 1988년 2월 25일 취임했습니다. 이어 4월 26일 두 달 만에 치른 총선에서 민정당은 299석 중에 절반도 안 되는 125석을 얻는데 그쳤지요. 평민당, 민주당, 공화당 등 야당이 174석을 차지했습니다. 대통령이 된 노태우에 대한 견제심리가 컸다고 볼 수 있겠죠.

결국 국회가 여소야대 정국이 됐습니다. 당시 광주학살 책임자 처벌을 비롯해 12·12 군사 반란과 5·17 내란의 진상 규명과 같은 '5공화국 청산 요구'가 높았습니다. 학생들은 전두환 체포조를 만들어 그가 거주하는 서울 연희동에서 시위를 벌였습니다.

당시 국회의 주도권은 제1야당인 평민당을 이끄는 김대중이 쥐고 있었습니다. 국회는 광주민주화운동 진상조사특위^{광주특위}와 제5공화국 비리조사특위^{5공특위}를 구성하고 청문회를 열었습니다. 김대중은 전두환의 청문회 증언을 줄기차게 요구했습니다.

1988년 10월 17일 노태우가 미국 순방길에 올랐을 때, 검찰은 전두환의 친형 전기환과 사촌동생 전우환, 처남 이창석을 구속했습니다. 전두환은 11월 23일 TV 생중계로 대국민 사과문을 읽은 후 백담사로 떠났지요. 노태우는 12월 13일 검찰에 '5공 특별수사부'를 설치했습니다.

노태우 대통령은 여소야대 정국을 타개하기 위해 비밀리에 '3당 합당'을 추진했습니다. 1990년 1월 22일 민정당 총재인 노태우 대통령과 김영삼 민주당 총재, 김종필 공화당 총재는 청와대에서 전격 회동을 갖고 3당 합당과 함께 민주자유당^{민자당} 창당을 선언했습니다.

이에 따라 216석을 가진 거대 여당이 탄생했습니다. 13대 총선을 통해 만들어진 여소야대 정국은 여대야소로 바뀌었고 김대중의 평민당은 유일한 원내 야당으로 남게 됐지요.

그러나 200석을 넘는 의석을 확보했던 민자당은 1992년 3월 24일 치러진 총선에서 참패해 과반수에서 한 석 모자라는 149석으로 줄어들었습니다. 새로 정비한 민주당은 97석, 현대그룹 회장 정주영이 창당한 통일국민당은 31석을 차지했습니다.

그해 12월 치른 14대 대통령 선거는 김영삼과 김대중이 맞붙은 선거였습니다. 1987년 대선에서 군정종식을 내걸었던 김영삼은 "신한국 창조"를 선거벽보에 내세웠고 김대중은 "이번에는 바꿉시다"라고 주장했습니다.

선거 결과는 김영삼 후보가 42.0퍼센트 득표율로 당선되었습니다. 후보별 득표율은 김대중 33.8퍼센트, 정주영 16.3퍼센트, 박찬종 6.4퍼센트, 백기완 1.0퍼센트입니다. 투표율은 81.9퍼센트였습니다.

1993년 2월 김영삼 정부의 등장은 1961년 박정희 쿠데타 이후 30년 넘게 이어온 군부통치를 마감하는 의미가 있었습니다. 그 자신 '문민정부'를 자임했지요. 김영삼 자신이 박정희-전두환 군부독재 체제에 맞서 오랜 세월 민주화투쟁을 벌여온 '민주투사'였습니다.

제14대 대통령 선거 투표 용지. ⓒ중앙선거관리위원회

　노태우 정부가 군부독재에서 한국 정치가 벗어나 민주화로 가는 과도기였다면, 김영삼 정부는 여야 사이의 평화적 정권교체로 가는 과도기였습니다.

　퇴임 뒤 '김영삼 대통령 기록전시관' 준공식 자리에서 그는 "내 손으로 문민 민주화를 이뤄냈다는 자부심을 갖고 있다"며 "역사는 언제나 정의롭게 흐른다는 것이 내 일생을 통해 얻은 교훈"이라고 밝혔습니다. 김영삼이 밝힌 "내 손으로 문민 민주화를 이뤄냈다는 자부심"은 범국민적인 민주화 투쟁을 과소평가하고 자신이 한 일을 과대평가한 말이지만 그가 군부독재에 맞서 오랜 세월 동안 민주화 투쟁을 벌인 것은 사실입니다.

　더구나 김영삼은 대통령에 취임한 뒤 군부독재의 물리적 기반으로 사실상 군부에서 '정치 조직'을 이루고 있던 '하나회'를 전격적으로 뿌리 뽑았습니다.

군부통치의 종식과 정치개혁

누가 보더라도 그것은 한국 정치사에서 김영삼의 업적입니다. 실제로 그는 틈날 때마다 "내가 하나회를 척결하지 않았다면, 김대중이나 노무현은 대통령이 안 되었을 것이다. 하나회를 척결하기 전에는 우리나라에서 민주주의가 안 된다고 생각했다"고 자부해왔습니다.

기실 박정희는 군부 내 사조직인 하나회를 짐짓 눈감아주면서도 적절히 키워주고 견제하며 군부 관리의 지렛대로 활용했습니다. 하나회는 회원인 전두환과 노태우가 잇따라 대통령 자리에 앉으면서 1980년 이후 구성원들이 군부 내 핵심자리는 물론, 국가기구 곳곳으로 진출하면서 사실상 국가권력을 장악하고 있었습니다.

1993년 2월에 대통령에 취임한 김영삼은 곧바로 육군참모총장, 특전사령관, 수도방위사령관을 비롯해 하나회 핵심 구성원들을 전격적으로 해임하고 예편시켰습니다. 육군 지도부에 포진한 하나회 구성원들을 해임한 동시에 곧바로 후임을 임명함으로써 '전광석화'처럼 척결했습니다.

하나회에 대한 전격 숙청은 '투사' 김영삼이었기에 가능했다는 평가가 지배적입니다. 선거로 뽑은 대통령이 30년에 걸쳐 깊숙이 뿌리내린 '정치군인'들을 뽑아내고 군정을 실질적으로 종언시키는 모습은 유권자들을 환호케 했습니다.

김영삼의 정치개혁은 여기서 그치지 않았습니다. 고위공직자들의 재산공개를 도입한 그는 지난 시기 대통령들이 조성해온 정치자금의 고리도 과감하게 끊었습니다.

박정희, 전두환, 노태우는 모두 '필요'할 때마다 대기업 회장들을 청와대로 불러들였습니다. 박정희 대통령은 자신이 꿈에도 상상할 수 없었던 순간에 갑작스러운 죽음을 맞아 사실 관계가 확연히 드러나지 않았지만, 전두환과 노태우가 '대통령의 통치자금'이라는 이름으로 수천억 원을 모은 사실은 다 드러났습니다.

분명한 사실은 박정희와 전두환, 노태우 모두 청와대 대통령 집무실에 대형금고를 설치해두고 애용했다는 점입니다. 전두환이 자신을 따르는 군부의 장성들과 장차관들은 물론, 청와대 출입기자들에게도 일반인이 상상할 수 없는 크기의 돈 봉투를 선심 쓰듯 나눠주었다는 증언들은 그 대형금고가 30여 년 지속된 군부독재 시대에 어떤 구실을 했는지 짐작게 합니다. "각하"에 대한 "충성"의 이면에는 수천억 원의 정치자금이 자리하고 있었던 셈입니다.

김영삼은 청와대에 국회 심의를 거쳐 합법적으로 배정되는 예산이 있으므로 다른 돈은 필요 없다며 문제의 대형금고를 철거했습니다. 버리기 쉽지 않은 유혹이었을 터이기에 의미도 그만큼 크죠.

김영삼 대통령이 하나회를 전격 숙청하며 정치군부의 뿌리를 도려내자, 전두환·노태우를 비롯한 신군부 관련자에 대한 고소 고발이 이어졌습니다. 김영삼은 취임 첫해 5월을 맞아 낸 특별담화에서 12·12 군사 반란을 '쿠데타적 하극상'이라고 규정하면서도 전두환·노태우에 대한 평가는 역사에 맡기자면서 전 대통령들을 처벌할 수 없다고 밝혔습니다.

그런데 그해 7월 신군부에게 지휘권을 강탈당했던 정승화 당시 육군참모총장과 장태완 수도경비사령관 등 22명이 전두환·노태우 등 34명을 군 형법상의 '반란 및 내란 목적 살인' 혐의로 검찰에 고소했습니다. 이듬해인 1994년 5월에는 광주민중항쟁의 피해자 322명이 전두환·노태우를 비롯한 책임자 35명을 '내란 및 내란 목적 살인' 혐의로 고소했습니다.

1994년 7월 검찰은 "12·12는 명백한 군사 반란 행위였다. 그러나 불필요한 국력 소모 우려가 있다"라는 이유로 기소유예 처분했습니다. 이어 "광주 민주화운동을 강경 진압하는 과정에서 무고한 양민이 사살됐고, 비상계엄 확대·국보위 설치 등은 전두환의 정권 장악 의도에 따라 기획·입안해 추진됐음"을 밝혀냈지만 "성공한 쿠데타를 처벌할 수 없다"는 논리로 반란죄 및 내란죄 여부를 판단하지 않고 불기소 처분했습니다.

그런 가운데 노태우의 비자금 문제가 불거졌습니다. 1995년 10월 19일 국회의원 박계동이 국회 본회의장에서 노태우가 비자금 4000억 원을 조성했다고 폭로하고 신한은행 서소문지점에 예치된 128억 2700여만 원의 예금 조회표를 증거로 제시했습니다. 다음 날 정부가 비자금 수사 방침을 밝혔습니다. 사흘 뒤 관계자들이 검찰에 출두하고 조사가 시작되며 비자금의 실체가 확인되기 시작했습니다.

노태우는 10월 27일 낸 사과문에서 대통령에 재임하며 5000억

원의 통치자금을 조성했고 퇴임할 때 1700억 원이 남았다고 말했습니다. 검찰은 삼성, 현대, 대우, 한보를 비롯한 34개 재벌 총수들을 소환 조사했습니다. 수사 결과 총수들은 각각 30억 원에서 250억 원까지 뇌물을 준 것으로 나타났습니다. 비판 여론이 빗발치자 김영삼은 1995년 11월 16일 노태우를 구속했습니다.

처음 검찰 수사는 비자금에 한정됐습니다. 그러나 내친 김에 '12·12 군사 반란'과 '5·17 내란'도 처벌해야 옳다는 여론이 커져갔습니다. 유권자들의 표심을 의식하지 않을 수 없는 국회가 '헌정질서 파괴범죄의 공소시효 등에 관한 특례법'을 제정했지요. 검찰은 형법상 내란죄에 대해서까지 수사를 확대했습니다.

1995년 11월 27일에 헌법재판소는 검찰의 불기소 처분에 대한 헌법소원을 받아들여 '성공한 쿠데타 논리'는 부당하다고 밝혔습니다.

마침내 12·12 군사 반란과 광주학살, 비자금까지 전면 수사에 나섰고, 집 앞 골목에 나와 성명서를 읽으며 거세게 반발하고 고향 합천으로 간 전두환을 긴급 체포했습니다.

1996년 1월 검찰은 전두환과 노태우를 비롯한 '신군부' 구속자들을 내란죄와 내란목적 살인죄의 혐의로 기소했습니다. 1심 법원은 '12·12 군사 반란 및 5·17 내란 및 5·18 광주 민주화 운동 유혈진압 혐의'에 대해 전두환을 내란 및 반란의 수괴로 판시해 사형 판결을 내렸지요.

대법원은 1997년 4월에 '전두환 무기, 노태우 징역 12년'을 확정했습니다. 전두환과 노태우의 비자금에 각각 2000여 억이 넘는 추징금을 선고했습니다.

전두환과 노태우를 구속하고 국회가 5·18 특별법을 제정했을 때 대통령으로서 김영삼은 전성기를 누리고 있었습니다. 하지만 업적주의, 성과주의에 매몰되고 언론에 부각되는 걸 즐겼던 김영삼 대통령은 '선진국 진입'을 무리하게 강행했습니다. 1996년 아시아에서 일본에 이어 두 번째로 OECD 회원국이 되었을 때만 하더라도 김영삼은 자신의 임기 안에 어떤 일이 기다리고 있을지 상상할 수 없었습니다.

1997년에 접어들면서 김영삼 대통령의 아들 김현철이 국정에 개입한 사실이 드러나면서 여론의 뭇매를 받고 결국 구속됐습니다. 각별히 사랑했던 아들 김현철의 구속은 그나마 개인적 불행일 수도 있습니다.

김영삼이 도통 예상하지 못한 국가적 위기가 시시각각 다가왔습니다. OECD 회원국이 되면서 서두른 금융 개방으로 한국 경제의 자금 흐름이 위기로 흘러갔기 때문입니다. 그의 임기 말인 1997년 12월 5일 외환이 고갈된 위기를 벗어나기 위해 국제통화기금IMF에 자금지원을 신청하면서 '한강의 기적'을 구가하던 한국 경제는 '구제금융'을 받는 나락으로 떨어졌습니다.

구제금융 사태는 국가적 재난이었습니다. 국민 대다수인 민중의 삶을 실업과 고통으로 몰아넣었기 때문입니다. 김대중이 그의 뒤를 이어 대통령에 당선된 큰 이유 가운데 하나도 구제금융을 받을 정

제15대 대통령 선거 당시 선거 벽보. ⓒ중앙선거관리위원회

도로 경제 위기를 맞았기 때문입니다.

경제 위기 국면에서 1997년 12월 15대 대선이 치러졌고 "경제를 살립시다"를 내건 김대중 후보가 40.3퍼센트 지지율로 당선되었습니다. 여당 후보 이회창은 38.7퍼센트, 이인제 19.2퍼센트, 권영길 1.2퍼센트였습니다. 투표율은 80.7퍼센트입니다.

민주정부의 빛과 그림자

김대중의 당선은 대한민국 헌정사상 첫 평화적 정권교체라는 의미가 있습니다. 김대중 정부는 2001년 8월에 구제금융 195억 달러 전액을 갚았습니다. 김영삼 정권 마지막 해에 7355달러였던 1인당 국민소득이 1만 2626 달러로 늘어났고, 5년 동안 1200억 달러의 외환보유고를 쌓았다는 점에서 그의 경제정책을 성공했다고 평가할 수도 있습니다. 김대중 정부 마지막 해인 2002년에 경제성장률이 7.0퍼센트를 기록한 사실도 그 평가에 무게를 실어줍니다.

하지만 외환위기를 서둘러 벗어나는 과정에서 대폭 수용한 신자유주의 경제 질서는 김대중 정부 5년은 물론 그 이후에도 짙은 그림자를 남겼습니다. 김대중 정부가 기초생활 보장제도를 도입하고 복지예산도 늘렸지만, 신자유주의 경제의 구조화로 빚어지는 부익부빈익빈의 양극화 '힘'이 훨씬 컸습니다. 도시 노동인 가구 기준으로 1997년 1분기 소득계층 상위 20퍼센트와 하위 20퍼센트의 소득 차이는 4.81배였는데 2002년 1분기엔 5.4배로 벌어졌습니다.

더구나 한국의 주요 금융기관과 핵심 기업들이 매각되거나 외국인 투자자들의 지배 아래 들어갔습니다. 노동시장을 '유연화'한다는 미명 아래 비정규직 비율은 가파르게 상승해갔습니다. 외환위기를 벗어나면서 구제금융 체제로부터 '조기 졸업'은 했지만, IMF체제는 한국 경제에 깊숙이 내면화되어갔습니다.

김대중의 정치적 업적은 첫 남북 정상회담에서 찾을 수 있습니다. 2000년 6월 평양을 방문하고 김정일 국방위원장과 함께 6·15 남북공동선언을 발표했습니다. 평양의 국제공항에서 만난 김대중과 김정일의 포옹에 국민 대다수가 감동했습니다. 남과 북의 두 정상이 합의한 6·15 공동선언은 남북 현대사의 새로운 이정표가 되었습니다. 김대중의 남북교류와 통일에 대한 열정은 그에게 노벨 평화상의 영예를 안겨주었습니다.

하지만 2002년에 접어들면서 김영삼의 임기 말이 그랬듯이 김대중 또한 아들들이 비리 혐의로 잇따라 구속되었습니다.

그래서 그해 12월에 치를 대선은 보나 마나 한나라당 이회창 후보가 당선되리라고 많은 정치 전문가들과 시민사회 진영이 전망했습니다. 하지만 대한민국의 유권자들은 분배를 강조하며 서민성과 청렴성이 돋보이는 정치인을 '발견'했습니다.

민주당 대통령 후보 경선에 나선 노무현은 여론시장을 독과점한 신문들이 일방적으로 퍼뜨려온 '경제성장 우선론'과 달리 분배의 중요성을 역설해 큰 기대를 모았습니다. 김대중 정부에서도 부익부 빈익빈이 심화되면서 민중 사이에 퍼져가던 실망감을 이겨내고 다시 희망을 키울 수 있는 선거공약이었습니다.

마침 한국 경제가 '구제금융 체제'에서 벗어난 상황이었기에 민중은 분배 중심의 복지정책을 기대하며 '노무현 바람'을 일으켰습니다. 실제로 정치 전문가들의 예상을 깨고 민주당의 대통령 후보로 노무현이 선출되었습니다. 수락 연설에서 노무현은 시원하게 다짐했습니다.

"골고루 잘사는 나라, 중산층과 서민도 잘사는 나라를 만들어야 합니다. 경제성장과 분배의 정의를 조화시켜야 합니다. 일자리를 많이 만들고 빈부격차를 완화하겠습니다."

집권당의 대통령 후보로서 노무현은 선거대책위원회 출범식[2002]

제16대 대통령 선거 당시
노무현 후보 선거 벽보.
ⓒ중앙선거관리위원회

년 10월 1일에서 "소득 재분배 정책을 강력히 시행하겠다"고 다짐했습니다. 경실련 주최로 열린 대선후보 정책검증토론회 2002년 10월 8일에서 노무현은 "재분배와 경제성장 7퍼센트 공약은 장밋빛 공약이 아닌가"라는 질문에 다음과 같이 답했습니다.

"우리 사회의 복지 예산이 경제협력개발기구 OECD 국가의 3분의 1 수준인 만큼 분배를 강조하는 것이 성장에 영향을 준다고 보진 않습니다. 분배가 잘된다고 해서 경제에 부담을 준다는 얘기를 들은 적이 없습니다. 분배가 왜곡돼 있을 때 소비생활이 왜곡되고 빈부격차, 사회적 갈등이 심해져 오히려 많은 누수가 생깁니다."

이어 한 신문과의 '대선주자 릴레이 인터뷰'에서 노무현은 자신의 정책이 '하향평준화나 국가 경쟁력 저하를 초래할 것이란 우려'를 묻는 질문에 "그렇지 않다"며 단호하게 말했습니다.

"지속 가능한 성장정책은 분배와 함께 가야 합니다. 빈부격차가 크면 수요기반이 무너져 결국은 경제가 붕괴됩니다. 남미 경제가 바로 그런 것입니다. 지속가능한 성장을 위해 일자리를 많이 만들고, 임금격차를 최대한 줄여 건강한 소비구조의 경제 형태를 만들어야 합니다. 그다음에 부동산 안정, 주택 가격 안정, 물가 안정, 사교육비 부담 완화, 공정한 조세를 실시해야 합니다."

당시 언론은 노무현의 경제정책을 "재벌개혁 → 공정한 시장질서 확립 → 고도성장으로 이어지는 고리"와 "적극적 일자리 창출 → 빈부격차 해소 → 중산층 확대 → 고도성장으로 이어지는 고리"가 함께 맞물린 방향이라고 분석했습니다.

노무현은 선거 직전2002년 12월 9일에 신문 인터뷰에서도 기자가 '부익부빈익빈 심화 해소방안'을 묻자 자신 있게 말했습니다.

"빈부격차 해소는 시대적 과업입니다. 지속가능한 성장정책은 분배와 함께 가야 합니다. 5년 안에 전 국민의 70퍼센트가 건강한 중산층이 되도록 하겠습니다. 이를 위해 연평균 7퍼센트 성장전략을 추진할 것입니다. 부동산 투기만큼은 반드시 뿌리 뽑겠습니다."

여기서 확인할 수 있듯이 노무현 바람이 뜨겁게 불어온 데는 이유가 있었습니다. 그런데 그가 대통령에 당선된 뒤 그의 발언은 빠르게 변화해갔습니다.

대통령 노무현은 국정 연설^{2003년 4월 2일}에서 "분배 문제"를 "집값 안정과 사교육비 부담 경감"으로 대폭 좁혔습니다. 분배를 외면한 경제성장의 틀을 바꾸겠다는 공약과 달리 두 가지 문제만 집중적으로 해결하겠다는 뜻으로 받아들여졌습니다.

하지만 그 두 가지조차 실패했습니다. 현실이 생생하게 보여주었듯이 노무현 정부 5년 동안 집값은 하늘 높은 줄 모르게 치솟았습니다. 종합부동산세는 아파트 분양가 공개를 거부한 노무현 정부가 뒤늦게 "소 잃고 외양간 고치기"로 입법했습니다. 대학등록금도 사교육비도 가파르게 올랐습니다.

그뿐이 아닙니다. 대통령 노무현은 '국민소득 2만 달러 시대'를 국정목표로 제시했습니다. 2003년 7월 들어 노무현은 '2만 달러 시대를 위한 CEO 간담회'를 열었습니다. 경선 때 '분배 중심'에서 대통령 당선 뒤 '성장 중심'으로 '변질'되는 데는 채 6개월이 걸리지 않았습니다.

노무현 정부 임기 마지막 해인 2007년에 한국의 1인당 국민소득은 환율 효과에 힘입어 2만 15달러로 '2만 달러 시대'를 여는 데는 가까스로 '성공'했습니다. 그러나 국민소득 2만 달러 시대가 왔음에도 부익부빈익빈은 나아지지 않았습니다. 대통령 후보 시절 그가 내세운 공약과 정반대의 결과를 빚은 셈입니다.

노사관계도 선거 과정 때의 약속과 다르게 전개되었습니다. 대통령 당선자 시절만 하더라도 그의 개혁 목표가 또렷했습니다. 가령 2003년 2월 13일에 당선자 노무현은 민주노총과 한국노총을 방문했습니다. 대통령 당선자가 두 노총을 직접 방문해 각각 두 시간여에 걸쳐 노동계 지도부와 간담회를 가진 것은 처음 있는 일이었습니다. 대통령 당선자가 잇따라 재계 인사들만 면담하자 노동계가 요청해 간담회가 이뤄졌습니다.

두 노총과 만난 노무현은 자신의 임기 5년 동안 적어도 노사 사이에 힘의 불균형을 시정하겠다고 밝혔습니다. "기대 반, 우려 반"이라는 노동계의 우려에 대해 당선자는 "기대해도 좋다. 상당한 변화가 있을 것"이라고 장담했습니다. 당시 한국노총은 들머리에 "노무현 대통령 당선자의 방문을 환영합니다"는 펼침막까지 걸었고 27개 산별 대표자 전원이 참석했습니다. 당선자는 이어 민주노총과 만나 "민주노총과 지속적인 정책협의가 가능하도록 하겠다"고 약속했습니다.

우리는 지금 그 결과를 다 알고 있습니다. 원인이 어디에 있든 노사 사이의 힘의 불균형은 노무현 정부 5년 동안 전혀 해소되지 않았습니다. 노무현 정부 또한 "노동자 임금격차는 대기업 노동자 이기주의 때문"이라거나 "노조가 힘이 너무 세다"라는 생각에서 자유롭지 못했습니다. 그 결과 언론과 검찰의 이데올로기적이고 폭력적인 공세로 노사 사이의 힘의 불균형은 오히려 더 커지는 결과를 빚었습니다.

결국 노무현 정부는 집권 말기에 지지도가 10퍼센트 선까지 추락했습니다. 그를 지지하던 상당수 민주시민들이 실망을 표명하며 떨어져 나갔습니다.

새내기
주권자를
위한

7
좋은 투표, 나쁜 투표

투표의
지혜

투표를 해도 부익부빈익빈 체제가 달라지지 않는 데서 오는 '투표의 슬픔'은 실제로 투표율 저하와 득표율 격차로 나타났습니다. 김대중-노무현 10년을 거친 뒤 2007년 12월 치러진 17대 대통령 선거의 투표율은 63.0퍼센트로 지금까지 역대 대통령 선거 가운데 가장 낮았습니다. 김대중이 당선될 때는 80.7퍼센트, 노무현 당선 때는 70.8퍼센트였습니다.

언론은 왜 지역감정을 부추기는가

당선자와 2위의 격차도 컸는데요. 이명박 한나라당 후보가 48.7퍼센트, 집권당 후보인 정동영은 26.1퍼센트를 얻어 500만 표 넘는 차이가 났습니다. 무소속 이회창 후보가 과거 한나라당 후보였던 사실을 감안해 그가 얻은 15.1퍼센트를 더하면 김대중-노무현 10년에 대한 '표의 심판'이 분명했습니다.

그 이후 대통령이 된 이명박과 박근혜 모두 경제 살리기를 내세우며 '국민 성공시대'와 '국민 행복시대'를 내건 사실에 주목할 필요가 있겠지요.

경제문제는 앞으로도 중요한 선거 쟁점으로 부각될 수밖에 없습니다. 이명박-박근혜의 경제 공약을 짚어보기 전에 우리 선거판에 짙게 드리운 어둠을 살펴보고 가죠. 그 어둠이 대선 후보들의 경제 공약과 밀접한 관련이 있거든요.

대통령 직선제를 쟁취한 제6공화국 이후 우리는 많은 대통령을 경험했습니다. 노태우, 김영삼, 김대중, 노무현, 이명박, 박근혜, 문

'국민 여러분 성공하세요' 제17대 대통령 선거 당시 이명박 후보 선거 홍보물.

재인 대통령까지 흥미로운 사실은 김대중 한 사람만 빼고는 모두 고향이 영남이라는 사실입니다. 군부독재 시기까지 따져보면 더 하죠. 박정희도, 전두환도 영남 출신이니까요.

단순한 우연일까요? 그렇지 않습니다. 대통령 선거는 물론, 총선에서 특정 지역에 기반을 둔 투표 성향이 또렷하게 나타난 것은 어제오늘의 일이 아닙니다. 한국 정치를 대표하는 두 정당이 각각 호남과 영남에 뿌리를 두고 있고, 선거 때마다 그것이 투표 결과로 입증되면서 많은 사람들이 지역정당 현상에 익숙해 있습니다.

지역정치를 숙명처럼 받아들이며 도저히 해결할 수 없는 문제라고 체념하거나, 심지어는 지역을 고려하지 않은 채 한국 정치를 바라보는 시각은 비현실적일뿐더러 그릇되었다고 단정하는 전문가들도 적지 않습니다. 선거에 드리운 지역감정의 어둠, 그 실체를 톺아볼 이유가 여기에 있습니다.

대한민국에 지역감정이 얼마나 예민한 문제인가를 상징적으로 드러낸 일화가 있습니다. 이명박 정부 시절인 2010년 8월이었는데요. 부산 사직야구장에서 순위 다툼이 한창인 롯데 자이언츠와 KIA 타이거즈가 경기를 벌이고 있었습니다. 9회 말 자이언츠가 5대 7로 지고 있는 상황에서 공격에 나선 타자가 타이거즈의 마무리 투수 공에 머리를 맞아 쓰러졌습니다.

롯데 팬들은 야유를 보내고 오물을 던졌습니다. 경기를 마친 뒤 버스를 타러 가던 타이거즈 선수들과 롯데 팬들 사이에 충돌이 일어나 선수가 다쳤지요. 인터넷에선 빈볼이냐 실투냐를 놓고 논쟁이 일주일 넘게 벌어졌습니다.

"홍어들은 구제불능이다~"

"고담대구는 조용히 해라!"

여기서 '홍어'는 지역 특산물에 빗대 전라도 사람들을 경멸하는 말이고, '고담대구'는 영화 '배트맨'에 등장하는 범죄 도시 '고담 시'에 비유해 대구에 사는 사람들을 비하하는 말입니다. '홍어녀'를 주인공으로 한 만화까지 인터넷에서 급속도로 퍼져갔습니다. 중학생인 '홍어녀'가 같은 반의 부산·대구 출신 학우들을 적대시하며 김대중을 숭배하고 친구를 속이는 '배신자'로 나옵니다.

심지어 5·18 민주화운동을 놓고 "폭도들을 탱크로 쓸어버렸어야 했다"는 막말까지 쏟아졌습니다. 야구와 만화를 즐겨보는 젊은이들 사이에 오간 그 공방은 지역감정이 다음 세대로 꾸준히 '전수'되고 있음을 드러내주었습니다.

문제는 망국적인 지역감정이 다름 아닌 정치와 언론에 의해 구조화된 점입니다. 한국 정치의 선거판에 짙게 드리운 어둠인데요. 언론이 왜 지역감정을 부추기는지는 김대중 정부 시절에 일어난 한 사건이 여실하게 보여줍니다.

"대구 부산엔 추석이 없다."

김대중 정부 시절에 주요 일간지 1면 머리_{동아일보, 2000년 9월 9일자}에 오른 기사의 제목입니다. '부도 직격탄 피해지역 현지르포'를 부제로 한 이 기사는 신발과 건설업체들의 부도로 대구와 부산 경제가 어렵다는 내용입니다.

"대구 부산엔 추석이 없다."(동아일보, 2000년 9월 9일자)

박정희-전두환-노태우-김영삼으로 이어온 영남 출신 인사들의 집권 37년 이후 처음 호남 출신으로 김대중 대통령이 그 자리에 앉았을 때 추석을 앞두고 나온 기사이기에 민감할 수밖에 없는 뉴스였습니다. 그 기사를 읽는 대구와 부산의 민중들은 호남 대통령이 자신들의 지역을 홀대한다고 여기기 십상이었지요.

그런데 문제의 기사에 덧붙인 '전국 도별 부도율 표'를 보면 제목이나 기사와 전혀 다른 진실을 발견할 수 있습니다. 기사는 적시하지 않고 있지만 표에는 정작 부도율 가장 높은 지역이 광주로 나타나 있거든요. "대구 부산엔 추석이 없다"는 기사가 얼마나 엉망인가를 스스로 폭로해준 셈입니다. 그 기사가 1판에 나간 뒤 편집국 내부에서도 "대단히 편파적인 기사"라는 평기자들의 불만이 터져 나왔습니다.

그렇다면 왜 그랬을까요? 그 신문은 왜 사실이 아닌 기사를 왜 1면 머리로 다음 날 아침 가판까지 고수했을까요. 당시 신문사 사주인 김병관이 추석을 앞두고 고위 간부들에게 보낸 편지에서 '영남지역에 신경 쓰라'는 지시를 내린 사실이 밝혀졌습니다. 신문사 고위간부는 동아일보는 물론 조선일보와 중앙일보가 "영남시장 확보를 위해 김대중 비판기사를 브레이크 없이 경쟁적으로 과장·확대·왜곡해서 써왔다"고 공개석상에서 밝혔습니다. 독자 수가 늘어나야 언론사의 주된 수입원인 광고가 많이 들어오거든요.

'색깔 공세'의 기원

언론이 영남 지역의 독자를 확보하려고 사실까지 왜곡하며 김대중 정부를 비판했다는 고위 언론인의 '실토'는 한국 민주주의의 내일을 위해서라도 그냥 넘어갈 사안이 결코 아닙니다.

언론이 호남 독자가 아닌 영남 독자를 확보하려고 '신경' 쓰는 까닭을 알고 나면 너무 단순하여 믿어지지 않을 텐데요. 영남 지역 인구가 호남 지역 인구를 압도하고 있기 때문입니다.

2020년 1월 현재 통계청이 내놓은 가장 최신자료에 따르면, 영남에 사는 인구는 1303만 명이고 호남은 510만 명입니다. 인구 차이가 2.5배를 넘습니다. 충청 인구는 380만 명입니다. 영남의 인구와 유권자는 호남 인구에 충청 인구를 합친 수보다도 훨씬 많습니다.

신문 독자를 확보해야 할 언론사와 대통령을 꿈꾸는 정치인들이 영남 지역의 인구를 고려하지 않을 수 없는 이유가 여기 있습니다. 영남의 많은 인구는 그곳 출신의 정치인들은 물론, 독자를 확보해야 할 언론사로 하여금 '지역감정 조장'의 유혹에 빠지게 했습니다.

실제로 영남 유권자 수가 호남 유권자 수보다 2.5배에 이르는 현상은 결코 허투루 볼 문제가 아닙니다. 물론, 김대중이 대통령에 당선된 사실을 들어 지역 정치의 문제를 과대평가하지 말라는 반론도 얼마든지 가능합니다. 하지만 좀 더 살펴보면 이 또한 얼마든지 '지역 정치'로 설명이 가능합니다.

1997년 12월 대선에서 김대중의 당선은 충청도에 정치기반을 둔 김종필과의 'DJP연합'으로 호남과 충청도 표를 묶었고, 이인제 후보가 이회창으로 쏠릴 '영남 표'를 잠식했기 때문이라는 분석이 있습니다. 선거 당시에 대통령 김영삼이 이회창보다 이인제를 지지했다는 설명도 그 분석을 뒷받침합니다. 6공화국의 유일한 호남 출신 정치인 김대중의 당선도 지역 정치의 틀로 설명하는 논리는 앞으로도 영남은 대선과 총선에서 결정적 영향을 끼칠 수밖에 없다는 숙명론으로 이어질 수밖에 없습니다.

하지만 모든 사회현상에 고정불변의 질서는 없습니다. 얼마나 시간이 걸리느냐의 문제일 뿐입니다. 사회현상은 언제나 변화해 왔고 지금도, 앞으로도 마찬가지입니다. 지역 정치도 그것이 오늘처럼 기승을 부리는 데엔 원인이 있습니다.

더러는 지역감정이 신라와 백제 시대로 거슬러 올라간다고 주장하고, 더러는 영남공화국, 호남공화국을 독립시켜 연방제를 만들자고 사뭇 진지하게 제안도 합니다.

하지만 사실과 다릅니다. 역대 선거를 되짚어보면 투표에서 지역감정이 결정적 변수가 아니었다는 사실이 객관적 수치로 드러납니다.

우리는 그 대표적 보기를 1963년에 치른 대한민국 제5대 대통령 선거에서 찾을 수 있습니다. 당시 5·16 쿠데타를 주도한 세력은 권력을 장악했지만 아직 선거를 통해 합법성을 갖지 못한 상황이었습니다.

여론의 눈총을 받고 있던 박정희는 쿠데타를 일으키고 만 2년이 지나서야 민간인에 권력을 넘기겠다고 사뭇 생색을 내듯 발표합니다. 이어 자신도 군복을 벗고 '민간인'으로 1963년 10월의 대통령 선거에 참여하겠다고 선언했습니다.

선거 결과 박정희는 총득표 470만 2642표, 42.6퍼센트의 득표율로 당선됐습니다. 박정희와 맞선 윤보선은 454만 6614표, 41.2퍼센트의 득표율을 기록했습니다. 두 후보의 표차는 겨우 15만여 표로 1.4퍼센트 차이의 살얼음 승부였습니다.

지금의 잣대로 미뤄본다면, 박정희는 영남에서 윤보선은 호남에서 압도적 득표를 했으리라는 선입견을 갖기 쉽습니다. 하지만 전혀 아닙니다. 1963년 대통령 선거에서 대구 출신의 박정희는 영남은 물론, 호남에서 크게 앞섰습니다. 윤보선은 서울, 경기, 강원, 충청에서 모두 박정희를 이겼습니다.

서울과 경기에서 윤보선이 얻은 표는 박정희가 얻은 표의 두 배 남짓이었습니다. 호남과 영남은 지역을 떠나 박정희를 지지했습니다. 유권자의 투표 성향이 영호남의 동서 현상이 아니라 추풍령을 경계선으로 한 남북 현상으로 나타났습니다.

그렇다면 그 원인은 무엇일까요? 주목할 것은 선거과정에서 뜨겁게 달아오른 사상 논쟁입니다. 1963년 9월 23일, 박정희는 라디오 연설을 통해 "이번 대선은 민족적 이념을 망각한 가식의 자유민주주의 사상과 강력한 민족적 이념을 바탕으로 한 자유민주주의 사상과의 대결"이라고 주장했습니다.

윤보선은 마치 기다렸다는 듯이 다음 날 전주 지역 유세에서 "다른 것은 몰라도 사상적으로 나를 몰아대는 데는 도저히 견딜 수 없다"며 다음과 같이 연설했습니다.

"이번 선거는 민주주의와 이질적 민주주의의 대결입니다. 누가 민족주의자이며 누가 비민족주의자라는 것과 누가 민주주의 신봉자며 누가 아니라는 것은 각자의 역사를 캐보면 압니다."

캐보면 안다는 말로 국민의 호기심을 한껏 차극한 뒤 사상공세가 이어졌습니다. 윤보선 후보의 전주 유세가 있던 바로 다음 날 "박정희 씨에게 묻는다" 제하의 유인물이 누군가에 의해 대량 살포됐습니다.

유인물은 '간첩 황태성과 박정희 후보가 어떤 관계인가'를 따져 물었습니다. 황태성은 일제강점기에 독립운동으로 옥고를 치른 인물로 해방 공간에서 월북해 조선민주주의인민공화국 외무성 부상까지 지냈지만 1961년 8월 30일 남쪽으로 내려왔습니다. 5·16 쿠데타로 집권한 박정희가 어렸을 때부터 그를 따랐기에 남북통일 협상을 모색하기 위해서였습니다.

하지만 황태성은 1961년 12월 20일 체포되었습니다. 대선 과정에서 사상논쟁이 벌어지고 미국도 관심을 보이자 대통령 당선자 박정희는 선거 직후인 1963년 12월 14일 황태성을 보란 듯이 총살합니다. 미국에 자신이 확고한 반공주의와 친미주의자라는 명확한 신호를 보낸 셈입니다.

윤보선 진영의 유인물 배포에 이어 야권의 또 다른 후보인 허정도 특별 기자회견을 자청하고 "공화당의 특수교육은 민주사회에서는 흔히 볼 수 없는 것이며 조직수법도 민주정당의 상례에 없는 것이다. 이 문제와 관련하여 간첩 황모 사건을 석연히 밝히기를 요구한다"라며 윤보선의 색깔 공세에 가세했습니다.

허정은 기자회견 바로 다음 날 청주 유세에서 다시 황태성과 박정희의 관계를 추궁했습니다. 윤보선을 후보로 낸 민정당은 10월 4일에 신문광고까지 내면서 적극적으로 사상공세를 폈습니다. 신문광고문은 "박정희 장군은 제1군 참모장을 역임했으나, 그 기간 동안 남로당의 군사부장을 지냈고 여순반란사건을 계획하여 군사재판에서 사형선도를 받았다. 그의 친구인 소장 장교들의 감형운동이

주효하여 군에 복귀할 수 있었으나 이때 그의 자백과 증언으로 수천 명의 공산당원들이 처형되었다는 설이 있다"며 그것이 진실인지 여부를 공개 질의했습니다.

광고가 나온 다음 날입니다. 서울 남산 유세에 나선 윤보선은 "박 의장의 사상을 크게 의심하지 않을 수 없다"고 주장하며 "공산당이 말하는 민족적 민주주의라는 것과 박정희 씨의 소위 강력한 민족주의를 바탕으로 한 민주주의와는 무엇이 다른가?"라고 물었습니다.

남산 유세에서 윤보선은 "그가 출간한 책을 보면 이집트의 나세르를 찬양했고 히틀러도 좋은 사람이라고 했다. 다음에 나올 박정희의 책에는 필연코 레닌, 스탈린, 모택동도 훌륭한 사람이라고 찬양할 것을 우리는 예견하지 않을 수 없다"고 주장했습니다.

결과로 보면, 윤보선의 '예견'은 틀렸습니다. 박정희는 윤보선 못지않게 반공정치로 색깔 공세에 앞장섰기 때문입니다. 다만 박정희가 히틀러를 좋은 사람이라고 했다는 윤보선의 비판은 그 뒤 유신체제에서 '총통'으로 불렸던 박정희를 떠올리며 음미해볼 대목입니다.

윤보선과 허정의 '색깔 공세'에 내내 침묵해오던 박정희는 10월 5일 신문 광고를 통해 "야당의 행동은 매카시적 수법"이라며 정면 반박에 나섰습니다.

"첫째, 지금 3권을 쥐고 있는 최고회의 의장을 빨갱이로 모는 구정치인들이 정권을 잡는다면 앞으로 우리나라에는 그들에게 밉게 보

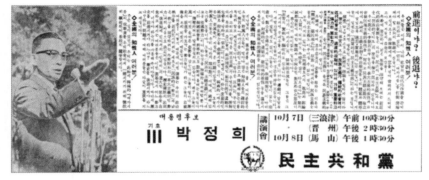

"야당의 행동은 매카시적 수법" 1963년 10월 5일자 박정희 후보측 신문 광고.

이는 사람은 누구를 막론하고 빨갱이로 몰리는 무서운 분위기가 조성될 것이다. 둘째, 만일 박정희가 공산주의자라면 군정 치하 2년여 서릿발 같은 권세를 갖고 왜 김일성과 야합하지 않았겠는가? 셋째, 싸우다 힘이 부족하면 빨갱이라는 모략을 하는 것이 바로 야당이다. 과거에 한민당이 이따위 수법을 썼는데 오늘도 야당은 이와 똑같은 수법을 쓰고 있다. 과거와 양상이 다르다면 과거는 여당이 야당을 잡았는데 지금은 야당이 여당을 잡으려 하고 있다."

박정희 후보의 항변을 보면 윤보선과 견주어 과연 누가 민주주의자이고 누가 반민주주의자인지 판단이 서지 않을 정도입니다. 윤보선과 민정당은 투표일 이틀을 남겨둔 10월 13일에 자신들이 전개한 사상논쟁의 근거로 '여수순천 반란사건 조사자료'를 전격 공개했습니다.

자료에 따르면 박정희는 1949년 2월 13일 군법회의에서 무기징역을 선고받았습니다. 공화당은 곧장 "악랄한 인신공격"으로 반박하고 "공화당에 해명의 시간적 여유를 주지 않음으로써 국민의 이목을 현혹시키려는 것"이라고 주장했습니다.

선거 결과는 우리가 다 알고 있듯이 박정희의 승리였습니다. 여기서 문제의 핵심은 박정희의 색깔을 캐던 논쟁이 거꾸로 그에게 투표토록 작용했다는 사실입니다.

당시 여론 형성력이 컸던 〈사상계〉는 대선 직후 발간한 11월호에서 10월 15일의 대선은 "정권을 쥐고 있는 자가 빨갱이로 몰려 약자로 보이고 야당이 강자로 비치는 이상하기 짝이 없는 선거"였다고 분석한 뒤 "공산당 아닌 사람을 공산으로 모는 것처럼 비열하고 악랄한 인간은 없다고 생각하는 사람들에게 여당의 입으로 '한민당적 수법'이라는 말이 튀어나왔을 때, 그것은 정말 실감을 갖고 다가왔다"고 분석했습니다. 야당 내부에서도 "박정희 지지도가 높은 대구와 부산에 빨갱이가 많다"고 주장한 연설로 "20~30만 표가 날아갔다"며 15만 표 차이의 패배를 아쉬워했습니다.

대통령 선거 당시에 중앙정보부장으로 권력을 휘둘렀던 김형욱은 회고록에서 사상논쟁을 거치며 "오히려 좌익세력의 분포가 많다고 분석되는 지역에서 박정희 후보에 대한 지지가 깜짝 놀랄 만큼 상승"했으며 결국 "박정희의 당선은 그 좌익 표의 지지 때문"이라고 분석했습니다.

김형욱의 증언은 서글픈 대목도 있습니다. 선거에 돌입하기 직전에 미국과 '잉여 농산물 도입 추가분 협정'을 체결해 소맥 11만 5000톤 추가 도입이 확정됐다는 건데요. 그 협정이 발효된 것은 황태성을 미군 정보 당국에 인계한 대가였다는 거죠. 김형욱은 그렇게 얻은 밀가루를 선거기간에 무상으로 배포했다고 밝혔습니다.

아무튼 1963년 제5대 대통령 선거에서 벌어진 '색깔 공세'와 투표 성향이 추풍령 기준으로 남과 북으로 갈린 현상은 지역정치가 그 이후에 구조화된 현상임을, 색깔 공세가 얼마나 반민주적 행태인가를 입증해줍니다. 바로 그렇기에 앞으로 한국 정치가 얼마든지 지역 정치의 굴레를 벗어날 수 있다는 희망의 근거도 됩니다.

지역기반 투표의 구조화

그렇다면 지역에 기반을 둔 투표는 언제부터 구조화되었을까요. 다음 대선인 1967년에 사뭇 다른 현상이 나타납니다. 1967년 제6대 대통령 선거 결과 박정희 후보가 부산과 경남·경북에서 크게 이기고 강원, 충북 두 도에서도 이기며 투표 성향이 동서로 나뉘는 조짐이 나타났지요.

당시 언론은 투표 결과를 박정희가 추진한 경제개발의 혜택이 영남에 쏠렸기 때문으로 분석했습니다. 주요 공장들이 영남에 집중 건설되면서 호남이 소외감을 느꼈다는 풀이이지요.

지역감정이 선거에 노골적으로 동원된 것은 1971년 대통령 선거였습니다. 박정희는 호남 출신의 김대중 후보와의 선거 과정에서 지역감정을 내놓고 부추겼습니다.

3선 개헌 당시 국회의장으로 의사봉 아닌 주전자 뚜껑을 들고 개헌안을 날치기 통과시킨 이효상은 "경상도 대통령을 뽑지 않으면 우리 영남인은 개밥에 도토리 신세가 된다"며 "경상도 사람으로서 경상도 정권 후보에게 표를 찍지 않을 사람이 어디 있겠느냐"라거나 "쌀밥에서 뉘가 섞이듯이 경상도에서 반대표가 나오면 안 된다. 경상도 사람 중에서 박 대통령 안 찍는 자는 미친놈이다"라며 작심하고 지역감정을 부추겼습니다.

선거 과정에 박정희의 공화당 의원들이 경상도에서 한 발언들이 기록으로 남아 있는데요. "김대중이 정권을 잡으면 경상도 전역이 피해를 볼 것이다. 신라 1000년 만에 다시 나타난 박정희 후보를 도와서 경상도 정권을 세우자"라는 대목은 훗날 "대구 부산엔 추석이 없다"는 기사와 상통합니다.

경상도 전역에 '호남향우회'와 '김대중 선생 후원회' 이름으로 "전라도 사람이여 단결하라! 경상도가 가지고 있는 정권 전라도가 뺏어오자!"라는 펼침막과 전단지가 뿌려지고 "호남에서 영남인의 물건을 사지 않기로 했다"는 유인물도 대량 유통되었습니다. 모두 중앙정보부의 '작품'이었습니다.

박정희 후보 진영은 적극적이고 노골적으로 영남 지역이 뭉쳐야 한다고 주장했습니다. 지역 대결로 몰아갈 때, 인구수가 압도적인 만큼 자신들이 훨씬 유리하다는 판단이 섰던 것은 두말할 나위가 없습니다. 망국적인 지역 정치의 출발점으로 대다수 전문가들이 1971년 대선을 꼽고 있는 이유도 여기 있습니다. 그 점에서 당시 현직 대통령이던 박정희의 책임은 가장 큽니다.

1971년 선거 못지않게 지역정치가 구조화한 결정적 전환점은 그로부터 16년 만에 다시 대통령 직선제로 치러진 1987년 대선입니다. 김대중은 김영삼이 선거투쟁을 주도해온 당에 합류하지 않고 독자적으로 출마를 결정했습니다. 결국 후보 단일화 요구를 외면하고 김영삼과 김대중이 모두 선거에 나오면서, 그전까지 같은 당 안에서 공존하고 있던 상도동계와 동교동계는 결별했습니다. 그 분열에 따라 표의 지역화 현상이 또렷하게 나타났습니다.

여기에는 이른바 '4자 필승론'을 내걸었던 김대중 후보의 책임이 큽니다. 대구-경북은 노태우, 부산-경남은 김영삼, 충청도는 김종필로 나뉘어 투표할 경우 광주-전남-전북의 지지를 받는 김대중이 대통령에 당선될 수 있다는 '4자 필승론' 자체가 지역적 틀로 한국 정치판을 바라본 대표적 당략이었습니다. 하지만 4자 필승론은 김대중이 당선자 노태우는 물론, 김영삼보다 적은 표를 얻음으로써 현실과 동떨어진 분석임이 입증되었지요.

대선에 이은 1988년 4월 총선에서 김대중의 평민당은 김영삼의 민주당에 비해 조금 더 나은 득표를 했습니다. 원내 1당은 단연 민정당이었습니다. 노태우가 김영삼-김종필과 더불어 3당 합당으로 민자당을 결성했을 때, 또 민자당의 김영삼 후보와 김대중 후보가 1992년 대선에서 겨뤘을 때 각각 영남과 호남에 기반을 둔 지역 정치는 굳어졌습니다.

김대중이 김종필과의 연합으로 지역적 한계를 벗어나 집권한 1998년에 박근혜는 정계에 들어옵니다. 지역정치가 이미 한국 정치판을 좌우하는 틀로 확고하게 자리 잡은 시점이었습니다. 재보선에 나선 박근혜는 "아버지 박정희"를 강조하며 지역정서를 적극 부추겼고, 쉽게 당선될 수 있었습니다. 일찍이 박정희가 김대중을 상대로 활용한 지역감정 정치가 김대중 대통령 출범과 더불어 정계에 복귀한 딸에게 결정적 도움을 준 셈입니다.

그렇다면 "경상도 사람 중에서 박 대통령 안 찍는 자는 미친놈"이라고 지역감정을 자극적으로 선동하며 3선에 성공하고 더 나아가 영구집권 체제까지 갖췄을 때, 박정희는 정말 경상도 사람들을 사랑했을까요?

인혁당 재건위 사건이 그 물음에 답할 수 있는 중요한 근거가 됩니다. 인혁당 재건위 사건은 유신체제에 저항하는 운동을 뿌리 뽑겠다는 의도로 박정희 정권이 8명을 처형한 야만적 참극인데요. 박정희는 그 '본보기' 또는 '희생양'으로 다름 아닌 자신의 고향인 대구와 경북에서 활동하는 지식인들을 골랐습니다.

1974년 4월, 중앙정보부는 학생운동을 주도하던 민청학련전국민주청년학생연맹의 배후에 인혁당 재건위인민혁명당 재건위원회가 있다며 대대적 검거에 나서 23명을 구속했습니다. 1960년대에 중앙정보부가 '일망타진'했던 인민혁명당을 재건한 '불순 조직'이 대학생들을 배후에서 선동하고 조종했다는 것입니다.

박정희 정권의 '시녀'에 지나지 않았던 사법부는 도예종·여정남·김용원·이수병·하재완·서도원·송상진·우홍선 8명에게 사형을 선고했습니다. 나머지 15명에게도 무기징역에서 징역 15년까지 중형을 때렸지요.

대법원에서 사형선고를 확정받은 8명은 바로 다음 날인 1975년 4월 9일 전격 처형당했습니다. 대통령 박정희의 지시가 아니고는 이뤄질 수 없는 일입니다. 당시 국제법학자협회는 민주화운동에 나선 8명이 사형당한 1975년 4월 9일을 "사법사상 암흑의 날"로 선포했습니다.

박정희 정권의 야수적 탄압도 학생운동과 민주화운동을 막지는 못했습니다. 민주화운동은 전국 곳곳에서 줄기차게 벌어졌지요. 다만, 대구와 경북의 민주화운동은 8명의 처형과 그 여파로 큰 타격을 입었습니다. 본디 비판의식과 민중의식이 강했던 대구와 경북이 'TK'로 불리며 '보수지역'이 된 것은 그때부터라는 분석도 나옵니다.

그로부터 27년 뒤인 2002년 9월에 대통령 직속기관인 의문사 진상규명위원회는 인혁당 재건위 사건을 '고문에 의한 조작'으로 발표했습니다. 같은 해 12월에 인혁당 재건위 사건의 유족들은 서울중앙지법에 재심을 청구했습니다.

바로 그래서이지요. 의문사 진상규명위의 발표 때부터 정치인 박근혜는 사과를 요구받았습니다. 한나라당의 몇몇 의원들이 박근혜에게 아버지인 박정희 전 대통령의 '유신독재'에 대한 태도를 정리해야 한다고 권했습니다. 하지만 박근혜는 "그동안 인혁당 등 여러 가지 문제들은 법적으로 전부 결론이 난 사안들"이라고 완강한 태도를 보였습니다.

2007년 1월 23일, 마침내 사법부가 자신의 잘못을 시인하고 사형당한 8명에게 뒤늦게 무죄를 선고했습니다. 당시 한나라당 대변인조차 "이제라도 진실이 밝혀진 것이 큰 다행"이라며 "이 사건으로 고인이 된 분들의 명복을 빌고 유족들에게 위로의 말씀을 드린다. 다시는 이런 일이 되풀이되어서는 안 될 것"이라고 공식 논평했습니다. 하지만 놀랍게도 박근혜는 침묵으로 일관했습니다.

중앙정보부가 이름을 바꾼 국가정보원마저 '과거사건 진실규명을 통한 발전위원회'를 통해 인혁당·민청학련 사건이 박정희 정권에 의해 조작·과장됐다고 발표했을 때도 박근혜는 고집을 피웠습니다. "한마디로 가치가 없는 것이며 모함"이라고 불쾌감마저 드러냈습니다.

박근혜는 대구와 경북의 똑똑한 지식인 8명이 억울하게 처형당할 때 청와대에서 '퍼스트레이디'로 정치적 활동을 하고 있었습니다. 마른하늘 날벼락처럼 순식간에 남편을 잃은 유족-물론 경상도 사람입니다-은 박근혜가 사과 요구를 "자신에 대한 모함"이라고 한 대목과 관련해 "어떻게 그런 말을 할 수 있느냐"면서 "당연히 사과해야 한다"고 울분을 토했습니다.

사과 논란이 벌어지던 시점에 미국을 방문하고 있던 박근혜는 "내가 사과하고 말고 할 문제가 아니라 역사가 평가할 것"이라며 사과 요구를 거부했습니다. 심지어 그녀는 "친북좌파의 탈을 쓴 사람들은 잘못이 있다"며 "울진삼척 무장공비 사건 때도 민간인들이 죽고 군경이 희생됐지만 친북좌파들은 이에 대해 사과한 적이 없다. 나에게 사과하라고 말하기에 앞서 서해교전, 1·21사태, 울진삼척 무장공비 사건의 피해 가족에 대한 사과가 있어야 한다"고 공세를 펼쳤습니다.

희망을 주는 정치는 불가능한가

여기서 지역감정에 기초한 선거와 집권이 투표하는 민중의 삶에 어떤 의미가 있는가를 생생하게 일깨워주는 일화를 소개합니다. 이명박 정부 시절인 2010년 1월 28일. 저는 동대구역에 내려 시내 강연장까지 택시를 탔습니다.

어느 지역이든 택시기사와 대화를 나누면, 민심의 흐름을 짚을 수 있습니다. 택시기사는 일상으로 승객과 이야기를 나누거나 승객들의 대화를 자연스레 듣게 됩니다. 동대구역 앞에 끝없이 길게 늘어선 택시에 올랐을 때, 60대 안팎의 택시기사 얼굴에 손님을 비로소 태웠다는 안도감이 번져가더군요. 요즘 대구 경기가 어떤가를 인사 겸 물었습니다. 그는 경기에 대해선 아예 말하고 싶지 않다는 표정으로 앞만 보며 가다가 운전석 위에 걸린 뒷거울로 흘긋거리더니 귀찮다는 듯이 볼멘소리로 답했습니다.

"조금 전에 줄 서 있는 택시 보셨지요? 죽지 못해 삽니다."

"그러세요? 그동안 대구 시민들이 한나라당 정부가 들어서길 얼마나 기다렸습니까? 경기가 좋아지리라고 기대했을 텐데요."

"그랬죠! 그런데 나아지는 게 전혀 없네요."

"정부는 경제 지표가 호전되고 있다고 발표하던데요? 뉴스 보셨죠?"

"그거 말짱 헛것입니다. 경기 좋아지는 건요, 우리 택시기사들이 가장 잘 알아요."

"그래도 이명박 대통령이 경제를 살리겠다며 당선됐는데…."

그 순간 택시기사가 말을 자르며 목소리를 높였습니다.

"누가 대통령이 되어도 마찬가지입니다. 요즘은요. 돈이 돈을 버는 시대가 되었어요."

말문이 터져서일까요. 그는 이명박 정부에 실망감을 감추지 않았습니다. 말을 나누는 과정에서 그가 "벌이가 시원치 않아" 결국 막내딸은 대학에 보내지 못했다고 털어놓을 때는 목소리가 젖은 채로 갈라져 나왔습니다. 어느새 목적지가 다 왔다기에 마지막으로 물었지요.

"선생님은 그럼 어디에 희망을 두고 계신가요?"

'희망'이라는 말이 나오자 그의 입술에 허탈한 미소가 그려졌습니다.

"희망이요? 손님! 그런 게 어디 있습니까?"

어조에 깊은 절망이 담겨 있었습니다.

강연을 마치고 서울로 돌아오는 기차 안에서도 주름 가득한 택시기사의 얼굴이 떠올랐습니다. "벌이가 시원치 않아" 결국 막내딸은 대학에 보내지 못했다며 낯선 손님 앞에서 눈시울을 적시던 그가 만일 대학 등록금이 입학부터 졸업까지 없는 나라가 많다는 사실을 안다면, 한국의 경제력이나 정부 예산에 비추어 그게 얼마든지 가능하다는 진실을 안다면, 과연 그때도 그에게 희망이 없을까요?

바로 다음 달인 2월 17일에 광주에서 대구의 택시기사와 비슷한 나이의 기사를 만났습니다. 광주 송정역 앞에도 어김없이 택시는 기나긴 줄로 서 있었지요. 택시를 타고 인사를 하며 물었습니다.

"광주 경기는 요즘 어떤가요?"

택시를 몰며 인생의 황금기를 모두 보냈을 그는 쓸쓸한 표정으로 답했습니다.

"경기요? 우리 택시기사들 이야기를 들려줄게요. 우리가 회사에 들어가 택시를 놓고 퇴근할 때는 누가 뭐랄 것도 없이 지갑에서 1만 원 1장씩을 빼 바지 주머니에 찌르며 나왔어요. 회사 앞에 있는 소줏집에서 삼겹살과 소주를 각각 사람 수만큼 시켰지요. 그렇게 하루를 풀고 헤어진 게 오랜 전통이었는데 그게 사라졌어요. 지금은 누가 뭐랄 것도 없이 모두 집으로 직행합니다. 우리에게 돈 1만 원이 그만큼 소중해졌다는 뜻이지요. 요즘 광주 경기가 그런 형편입니다."

"광주는 아무래도 이명박 정부 들어선 뒤 힘들어졌지요?"

머리가 희끗희끗한 택시기사는 그 말에 뒷거울로 나를 살펴보았습니다. 외지인임을 확인해서일까요. 조심스럽게 자기 생각을 꺼냈습니다.

"손님은 어떻게 볼지 모르겠는데요. 우리 광주가 노무현을 대통령으로 뽑아줄 때는, 우리 같은 서민들이 잘살게 되리라고 생각했었어요."

거기서 한숨 쉰 택시기사가 개탄하듯 말을 이었습니다.

"그런데 우리 같은 서민들에겐 똑같습디다."

뜻밖이었습니다. 광주 토박이임이 분명한 노년의 택시기사에게서 그런 말을 들으리라고는 솔직히 예상하지 못했기 때문이지요. 실제로 부익부빈익빈은 이명박 정부 들어서서 심화되고 있지만, 김대중-노무현 정부 10년 동안에도 뚜렷했던 게 엄연한 사실이거든요. 이어 택시기사에게 물었습니다.

"그럼 선생님은 희망을 어디에 두고 계세요?"

"희망이요? 그런 게 있나요?"

광주 택시기사와 대구 택시기사의 말이 겹쳐졌습니다. 광주 택시기사는 마지못해 덧붙이더군요.

"내게 희망이 있다면, 건강입니다. 건강해야 일해서 먹고살 수 있으니까요." 착잡했습니다. 여기서 주목할 것은 정반대의 정치적 근거지로만 인식되어 온 대구와 광주의 택시기사가 현실에 대해서뿐만 아니라 미래의 희망에 대해서도 똑같은 인식을 하고 있다는 사실이지요. 지역에 근거한 정당이 집권해도 민중의 삶이 나아지지 않는다는 새삼스런 깨달음은 아픔으로 다가옵니다.

딴은 박정희 정부가 선거를 앞두고 "경상도 사람들"에게 지역감정을 마구 부추기던 바로 그 시점에 자신의 몸을 불사르며 "근로기준법을 지키라"고 외친 청년 전태일도 대구에서 태어나 그곳에서 잔뼈가 자란 '경상도의 아들'이었습니다.

마지막으로 대구에 자리한 영남대학을 짚고 가죠. 아직도 박정희는 전두환·노태우가 수천억 원씩 축재한 것과 달리 청렴했다고 믿는 사람들이 있지만, 정말 그러한지 사실 관계를 따져보아야 합니다.

박근혜의 청렴 또는 서민 정치의 이미지도 대부분 언론에 힘입은 바 큽니다. 아무런 선입견 없이 냉철하게 판단해보기 바랍니다. 영남재단을 비롯해 어린이육영재단, 정수장학회는 박정희·육영수와 박근혜 가족이 진정 청렴한 사람들인가를 판별해주는 증거들입니다.

대통령 박정희의 청렴성과 관련해 전두환 측근의 언급이 흥미롭습니다. 전두환은 박근혜가 자신에게 불만을 공개적으로 털어놓을 때, 몹시 화를 냈다고 합니다. 박정희와 그의 친인척 비리가 드러나지 않은 것은 전두환 자신이 적극적으로 조사를 가로막았기 때문이라는 거죠.

전두환 측근에 따르면, 집권 초기에 접수된 박정희와 그 일가에 대한 비리 신고와 진정서가 "한 트럭 분은 족히 되었다"고 할 정도로 쏟아졌습니다. 측근은 "언론에서 박정희는 청렴하다고 하는데, 만약 전두환 비리를 수사했듯이 당시 박정희 비리를 전면 조사했다면 그 규모가 엄청났을 것"이라고 강조했습니다.

전두환 쪽의 말을 어디까지 믿어야 할지는 별개의 문제이겠지만, 틀림없는 사실은 전두환이 박정희 비리를 전혀 조사하지 않은 결과로 박정희는 지금도 청렴하고 서민적인 대통령으로 꼽힌다는 점입니다.

영남대학교, 육영재단, 정수장학회의 자산 규모는 현재도 천문학적입니다. 박정희가 쿠데타를 일으키기 전에는 모두 자신과 무관하거나 아예 없었던 자산이지요.

요컨대 지역감정에 근거한 투표는 유권자 대다수인 민중의 경제생활을 나아지게 할 수 없습니다. '경상도 정권'과 '전라도 정권'을 각각 선출해온 투표의 역사가 준 경험적 교훈입니다. 그렇다면 어떻게 투표해야 어둠에서 벗어날 수 있을까요? 남은 두 장에서 함께 생각해보죠.

새내기
주권자를
위한

8
투표로 세상 바꾸기

투표의
지혜

대한민국 현대사를 '산업화와 민주화를 이루고 선진화로 가는 단계'라고 흔히 이야기합니다. 특히 보수적인 언론인과 교수들, 정치인들이 강조하지요.

그런데 어떤가요? 선진국을 이루자는 목표는 보수와 진보를 떠나 모든 유권자들이 동의할 수 있는 공통의 과제 아닐까요? 보수나 진보의 구분을 넘어 선진국을 만들자는 데 뜻이 모아진다면, 그다음에 우리가 논의할 문제는 어떤 선진국인가에 있습니다. 막연한 구호로 이야기할 문제가 아닙니다.

선거 때마다 등장하는 '경제 살리기'

선진국 실현은 대한민국 국민의 대다수인 민중의 오랜 숙원이었습니다. 그 숙제를 해결하는 과정에 투표가 있었다면, 실제로 자신들이 선진국을 이루겠다며 표를 달라고 선거 때마다 호소한 정당과 정치인들이 많았다면, 이제 우리가 말하는 '선진국'이 무엇인가를 차분하게 따져볼 필요가 있습니다.

선진국의 개념 정의는 사실 쉽지 않습니다. '다른 나라보다 정치·경제·문화 따위의 발달이 앞선 나라'라는 사전적 정의만 보더라도 1인당 국민소득만으로 판단할 문제가 아닙니다.

그렇다면 선거판에서 늘 제기되는 '선진국'에 대해 유권자들이 어떤 생각과 토론을 할 수 있는지 차분히 짚어봅시다. 논의의 효율성을 위해 경제 선진국, 통일 선진국을 나눠서 살펴보고 그것을 이룰 정치 선진국의 숙제를 살펴보겠습니다. 선진국의 의미를 놓고 논의하는 과정에서 자연스레 투표의 지혜가 깊어지리라 기대합니다.

먼저 경제 선진국입니다. 경제는 선거 국면에서 가장 뜨거운 주제였습니다. 여당이든 야당이든, 보수든 진보든 선거 때마다 '경제 살리기'를 주장해왔으니까요.

김대중·노무현 정부 10년을 지나 2007년 12월 대선에서 이명박 후보가 압승하고 뒤이어 박근혜 정부가 들어선 이유도 경제였습니다. 2017년 19대 대선에서도 문재인 후보의 '소득주도 성장'을 두고 공방이 벌어졌지요.

돌아보면 1997년 12월에 국제통화기금으로부터 구제금융을 받은 이후부터 '경제 살리기'는 언제나 선거의 쟁점이 되어왔습니다. 20년 넘도록 논의되어온 경제 살리기의 실체를 차분히 따져볼 때가 되었습니다.

과연 한국 경제는 김대중·노무현·이명박·박근혜 정부 내내 어려웠던가요? 그렇지는 않습니다. 한국 경제는 문재인 정부 들어서서 1인당 소득 3만 달러를 넘어설 만큼 꾸준히 발전해왔습니다.

따라서 '경제 살리기'라고 할 때 그 말의 의미를 꼼꼼히 분석해보아야 합니다. 국제통화기금의 간섭을 받으며 김대중 정부가 등장한 1998년 2월에서 노무현 정부가 물러난 2008년 2월까지 10년 동안 국민 모두의 경제가 어려웠던 것은 결코 아닙니다.

기득권층의 재산은 크게 늘어났습니다. 객관적인 통계에서 확인할 수 있지요. 노무현 정부 시기의 상위 10퍼센트의 소득을 평균소득으로 나눈 수치를 짚어볼까요. 노무현 집권 초기인 2003년 1분기에 상위 10퍼센트의 소득이 전체 평균소득보다 2.57배 많았으나, 2005년 1분기에는 2.61배, 2007년 1분기에는 2.66배로 나타났습니다. 중산층 이상의 경제 형편도 나아졌다고 하지만 빈부격차는 더 벌어졌고, 민중의 살림살이는 불안해졌습니다.

2007년 17대 대선에서 이명박 후보가 '실천하는 경제 대통령'을 내걸고 당선된 것은 가치 판단 이전에 효과적인 선거 전략이었습니다. 김대중·노무현 정부 10년 내내 삶이 나아지지 않았던 민중의 표심을 파고들었으니까요.

유권자들은 이명박의 선거구호인 '국민 성공시대'에 나름대로 기대를 걸고 투표했습니다. 그가 대기업 최고경영자CEO 출신이라며 '성공 신화'를 내세웠기에 더 그랬습니다. 그는 고학으로 대학을 졸업해 대기업에 들어가 회장까지 오른 '능력 있는 경제인'으로 자신의 정치적 '브랜드'를 적극 부각했습니다. 선거 과정에서 이명박 후보가 내건 슬로건은 "경제 확실히 살리겠습니다"였지요.

박근혜가 혈육으로 '박정희식 경제성장'의 상징이었다면, 이명박은 그의 '성공 신화'로서 박정희식 경제성장의 상징이었습니다. 박근혜가 박정희의 육체적 딸이라면, 이명박은 박정희의 경제적 아들로 적잖은 유권자들에게 다가왔습니다.

이명박 후보가 2007년 5월 10일 발표한 '제17대 대통령 선거 출마 선언문'을 보면 그의 선거 전략이 확연하게 드러납니다. 서민과 중산층의 위기를 강조한 이명박은 그 책임이 "무능한 이념세력"에 있다고 단호하게 비판했습니다.

"무능한 이념 세력이 나라를 제대로 이끌지 못했습니다. 미래로 나아가기보다는 과거에 묶여 있었습니다. 경제에 활력을 넣기보다는 발목을 잡았습니다. 투자 부진, 일자리 부족, 소비 부진의 악순환이 자리 잡았습니다. 양극화는 더욱 심화되고 있습니다. 지난 몇 달 각계각층의 국민들을 만났습니다. 그들이 내뱉는 민생의 신음소리는 아직도 제 귓가에 생생합니다."

서민과 중산층이 "내뱉는 민생의 신음소리"가 귓전에 생생하다는 야당 후보, 정부의 경제적 '무능'을 비판하는 대기업 회장 출신에게 많은 국민이 기대를 걸었습니다. "잃어버린 10년을 넘어 대한민국은 새롭게 도약해야" 한다거나 "세계가 인정하는 국가, 세계의 모범이 되는 국가, 세계 일류 국가를 창조해야" 한다는 주장에 반대할 사람은 없었습니다.

더구나 이명박은 목표를 '747'로 명료하게 제시했습니다. "7퍼센트 경제성장, 4만 달러 소득, 세계 7대 강국"의 747을 실현하자고 부르짖었습니다. 공약의 실현 가능성을 전문가들이 비판했지만, 국민은 이명박의 능력을 믿어보자는 생각이 강했습니다.

하지만 이명박의 경제 살리기가 누구를 위한 정책인가는 취임 직후 또렷하게 나타났습니다. 집권 초기부터 본격적으로 고환율 정책과 감세 정책을 강행했습니다. 수출 대기업 우선의 경제정책이 모든 부문에서 관철되어갔습니다. 결국 이명박은 공약을 전혀 실현하지 못한 채 물러났지요.

유권자들은 다시 박근혜에게 기대를 걸었습니다. 18대 대선에서 박근혜는 '경제 민주화'까지 내걸며 '국민행복시대'를 약속했습니다.

하지만 박근혜의 경제정책은 이명박이 그랬듯이 수출 대기업을 우선으로 한 경제성장과 낙수효과라는 동일한 논리에 서 있었습니다. 낙수효과trickle-down effect는 물이 차서 넘치듯이 정부가 대기업과 부유층의 부富를 먼저 늘려 주면 그 혜택이 중소기업과 소비자에게 돌아간다는 효과를 이릅니다. 1980년대 미국 대통령 레이건이 즐겨 사용한 말로 그 이후 지금까지 신자유주의자들이 애용하고 있습니다.

기업에 규제를 풀어주고 세금을 줄여줌으로써 높은 경제성장을 이룬 뒤 기업들의 일자리 증대를 통해 사회 양극화를 해소하겠다는 박근혜의 공약은 이명박의 그것과 다를 바 없었습니다. '작은 정부, 큰 시장'을 강조하며 기업이 최대한 활동하기 좋은 여건을 만들어야 한다는 판단도, 파이를 키워야 나눌 수 있다는 파이론에 대한 끊임없는 강조도 이명박과 같았지요.

하지만 미국 경제에서도, 이명박 정부에서도, 박근혜 정부에서도 낙수효과는 없었습니다. 유권자들이 투표의 경험에서 얻을 교훈은 이 지점에서 명확하게 나타납니다. 시장과 경쟁을 통해 경제를 살리겠다고 할 때, 과연 '민생 경제'가 살아날 수 있을까라는 물음을

제18대 대통령 선거 당시 박근혜 후보
선거 벽보. ⓒ중앙선거관리위원회

마땅히 던져야겠지요. 시장과 경쟁을 통해서는 기득권을 가진 대기업이 유리할 수밖에 없기 때문만은 아닙니다. 한국 대기업이 수출 시장에 무게 중심을 두고 있어 내수와의 연관성이 점점 줄어들고 있기 때문입니다.

소득 불평등이 정치적 불안정성을 높인다

모든 걸 시장의 자유, 자본의 자유에 맡기는 신자유주의식 경제 체제 때문에 힘들어진 민생을 신자유주의적 정책 강화로 살리겠다면 도무지 앞뒤가 맞지 않는 논리입니다. 이명박과 박근혜의 경제 정책이 부익부빈익빈을 낳으며 그들이 약속한 '경제 살리기'에 실패한 현실은 우리에게 소중한 교훈을 주고 있습니다.

그럼에도 여론시장을 독과점한 언론들은 명백한 사실 관계를 외면한 채 아직도 파이론이나 낙수효과를 집요하게 선전하고 있습니다. 따라서 대기업이 주는 광고에 논조가 좌우되는 언론을 지나치게 신뢰해선 안 됩니다.

우리 스스로 경제를 이야기할 때 누구를 위한 경제성장인가, 누구의 경제 살리기인가를 냉철하게 짚어야 합니다. 수출 중심의 대기업이 성장하면 그 과실이 중소기업과 노동인에게도 이어진다는 낙수효과 논리가 현실과 전혀 맞지 않는다는 사실이 이명박·박근혜 정부를 거치면서 확연하게 실증되었습니다. 환율 정책과 금산

분리 완화를 비롯해 각종 규제 완화정책으로 대기업을 적극 지원해 주었지만 기대했던 일자리는커녕 그들 스스로의 적극적인 투자조차 몸을 사린 채 사내유보금 같은 자산만 불려갔으니까요.

촛불혁명으로 대통령 박근혜가 탄핵당하면서 19대 대통령 선거는 2017년 12월에서 5월로 앞당겨졌습니다. 문재인 후보는 2012년 대선 때와 달리 경제정책에 '패러다임 변화'를 공약했습니다.

'소득주도 성장'이 그것입니다. 간명히 말해 소득주도 성장은 '가계소득 증대를 통해 소비와 투자를 촉진시켜 경제성장의 선순환 구조를 만들어야 한다'는 경제성장 이론입니다. 본디 소득주도 성장론이 국내에서 처음 제기된 것은 사단법인 '새로운 사회를 여는 연구원'을 통해서입니다. 한국 경제의 대안을 책으로 펴내면서 '소득주도 성장'을 제안했지요. 2012년 국제노동기구는 '임금주도 성장: 개념과 이론, 정책' 제목으로 보고서를 내놓았는데요. 기업 이익이 주도하는 성장체제가 2008년의 세계 금융위기와 같은 결과를 낳았다고 진단하며 "신자유주의의 이익주도 성장을 대체할 수 있는 성장론"이 '임금주도 성장'이라고 정리했습니다.

본디 미국 중심의 자본 편향성이 강한 국제통화기금과 경제협력개발기구조차 2010년대에 들어서서는 소득주도 성장론을 긍정적으로 바라보고 있습니다.

IMF는 '재분배와 불평등, 성장' 제하의 보고서[2014]에서 "부유층에 소득이 집중되는 현상은 윤리적으로 바람직하지 않을 뿐만 아니라 안정적인 경제성장도 가로막고 있다"면서 "정부의 재분배 정책이

제19대 대통령 선거 당시 문재인 후보 선거 벽보. ⓒ중앙선거관리위원회

성장 잠재력을 훼손한다는 주장을 뒷받침할 어떤 증거도 찾을 수 없다. 불평등 축소를 위한 재분배 정책은 고성장과 더 긴 성장 지속력을 가져온다"고 주장했습니다. 1997년 12월에 마치 '점령군'처럼 한국에 들어와 신자유주의 정책을 받아들이라고 강요했던 논리와는 큰 차이가 있지요.

OECD도 보고서 '소득 불평등이 경제성장에 끼치는 영향'²⁰¹⁴에서 "소득 불평등 해소가 경제성장률을 높이고, 소득 불평등이 심각할수록 그렇지 않은 나라보다 성장률이 떨어진다"면서 단일 변수로는 소득 불평등이 성장률에 가장 큰 영향을 끼치는 요소라고 강조했습니다.

소득주도 성장은 기업과 가계 사이의 격차뿐만 아니라 대기업과 중소기업의 격차, 가계 내부의 격차라는 3중의 불균형이 겹쳐 있는 현실을 주목합니다. 대기업과 중소기업 사이에 큰 격차로 중소기업에 돌아갈 몫이 상대적으로 작아지면, 고용의 대부분을 차지하고 있는 중소기업의 노동인들에게 돌아갈 몫도 제대로 늘지 않겠지요.

　가계소득도 마찬가지입니다. 부자의 몫만 늘어나고 중산층과 저소득층의 몫이 늘어나지 않으면 소비가 크게 증가하지 않습니다.

　실제로 저축을 많이 하는 고소득층에 비해 상대적으로 소비를 많이 하는 계층은 저소득층이지요. 전체 국민소득 가운데 자본소득을 줄이고 노동소득을 늘려야 소비가 늘어난다는 뜻입니다.

　대통령에 당선되고 바로 다음 날 취임한 문재인 정부는 '소득주도 성장정책'을 현실에 구현하기 시작했는데요. 최저임금을 인상하며 야당으로부터 큰 반발을 받았습니다. 하지만 소득주도 성장의 정책 수단은 최저임금 인상에 국한되지 않습니다. 소득 보장을 위해 가장 중요한 것은 안정적인 일자리 제공이겠지요. 작금의 한국 일자리는 대부분 저임금일뿐더러 비정규직 비율이 높습니다. 세계적으로 사실상 가장 높은 비정규직 비율을 줄여나가며 사회복지를 대폭 확대해가야 합니다.

　투표권자로서 소득주도 성장론에 동의할 수도 비판할 수도 있습니다. 하지만 그것을 '좌파 경제'라고 몰아치며 전면 반대하고 나서는 것은 IMF나 OECD 보고서를 보더라도 납득하기 어려운 태도입니다.

소득주도 성장을 '좌파'라며 과거 '빨갱이 사냥'하듯 달려드는 사람들은 그들이 높이 받들던 IMF가 변화하는 시대 흐름에 맞춰 대응해나가는 유연한 자세를 배울 필요가 있습니다. 2008년 세계 금융위기 이후 장기적 침체를 맞은 상황에서 IMF는 과거의 경직된 논리를 많이 벗어났습니다. 이를테면 빈부격차를 좁히는 사회가 더 지속적인 경제성장을 할 수 있다는 내용의 보고서를 내놓았는데요. 소득 불평등이 심화될 경우에 가난한 사람들은 교육에 투자할 수 없기 때문에 평등한 소득분배가 인적자본 투자와 성장을 증대시킬 것이라고 분석합니다. 인적자본 지수와 소득 불평등은 반비례 관계에 있다는 객관적 근거도 제시했지요.

소득 불평등은 정치적 불안정성도 높입니다. 정치적 불안과 불확실성은 투자 동기를 감소시키며 성장을 위협할 수 있지요. 불평등과 정치적 불안정성이 해당 국가로 하여금 외부 충격에 대응력을 떨어뜨리게 한다는 지적도 귀 기울일 만합니다.

앞으로도 경제성장, 더 정확히 말하자면 '민생'은 선거 정국에서 늘 핵심 의제가 될 것입니다. 어떤 정치인, 어느 정당이 경제를 살리겠다고 공약할 때 간명한 질문, 곧 누구의 경제를 어떻게 살리겠다는 것인지 따져 묻는 지혜가 유권자들에게 절실합니다.

한국 경제가 성장해온 내적인 논리로 보아도 이제는 단순한 양적 성장에서 벗어나 내수시장을 적극 확대하는 방향으로 질적 전환을 이뤄야 지속적인 경제발전이 가능한 시대로 접어들었습니다. 세계적 기후온난화와 생태 위기를 고려하면 더욱 그렇습니다. 그 말은 수출을 포기해야 한다거나 무슨 '쇄국정책'을 펴자는 뜻이 아닙니다. 수출을 하되 대기업과 중소기업 사이의 연관성을 높이며 분배 정책을 통해 내수도 확대하는 견실한 경제구조를 갖추는 데 정책의 우선순위를 둬야 옳다는 의미입니다.

따라서 경제 선진국의 모습도 고정관념을 벗어나야 합니다. 선진국 경제들 가운데 우리는 지나치게 미국식 자본주의에 편향된 사고와 실천을 해왔습니다.

하지만 유럽식 자본주의 모습은 사뭇 다릅니다. 실업자가 되거나 이혼하거나 늙거나 병들더라도 인간으로서 기본적 생존권은 보장받는 사회가 유럽식 자본주의입니다. 학문적으로는 '자본주의 다양성varieties of capitalism 이론'이라고 하는데요. 미국식 자본주의와 유럽식 자본주의로 크게 나누고, 후자를 다시 중부유럽, 북유럽, 남유럽식으로 나눕니다.

대한민국이 경제 선진국을 이루려면 자본주의의 다양한 유형 가운데 어떤 형태를 참고하거나 종합할지 결정해야 합니다. 그 결정 과정에서 투표권을 지닌 모든 유권자들이 주체적으로 참여할 수 있어야겠지요. 그런 의지와 능력을 갖춰야 합니다.

한국 정치의 숙원 '통일 선진국'

둘째, 경제 선진국과 더불어 한국 정치가 풀어야 할 숙제는 통일 선진국입니다. 우리가 원하지 않았던 분단은 21세기에 들어서서도 여전히 우리의 민족역량을 잠식하고 있습니다.

통일 선진국을 이루는 과정에서 대전제는 평화통일입니다. 지금은 우리에게 평화통일이라는 말이 상식처럼 들리지만 그렇지 않은 시대가 있었습니다.

1948년 8월 대한민국 정부가 수립될 때 표어 "오늘은 정부수립, 내일은 남북통일"처럼 통일은 한국 정치의 보편적 과제이자 원천적 숙제였습니다. 그런데 이승만 정부에게 통일은 평화 통일이 결코 아니었습니다. 무력통일이었습니다. 평화통일을 주창한 진보당의 조봉암을 처형한 야만을 앞서 살펴본 바 있습니다.

더러는 4월혁명으로 평화통일론이 대세가 되었다고 하지만 박정희 정부가 무력통일론만 전면에 드러내지 않았을 뿐입니다. 반공통일과 멸공통일론은 평화통일론과 논리적으로도 공존할 수 없는 주장입니다.

평화통일론이 큰 흐름이 된 것은 1987년 6월대항쟁으로 군부가 정치 일선에서 퇴각하기 시작하고 2000년 남북 정상회담이 성사되면서였습니다. 남북 정상회담이 내놓은 6·15 공동선언은 "나라의 통일 문제를 그 주인인 우리 민족끼리 서로 힘을 합쳐 자주적으로 해결해나가기"를 다짐하고 "나라의 통일을 위한 남측의 연합제 안과 북측의 낮은 단계의 연방제 안이 서로 공통성이 있다고 인정하고 앞으로 이 방향에서 통일을 지향시켜나가기"로 합의했습니다. 아울러 "경제협력을 통하여 민족경제를 균형적으로 발전시키고 사회·문화·체육·보건·환경 등 제반 분야의 협력과 교류를 활성화하여 서로의 신뢰를 다져나가기"로 하였습니다.

미국 중앙정보국^{CIA}과 연결된 국가정보자문회의의^{NIC}는 2000년 12월에 낸 보고서에서 2015년 남북이 통일하고 동북아에서 강력한 군사력을 보유하리라 전망했습니다. 보고서는 그렇게 전망한 근거를 명확히 밝히진 않았지만 그해에 6·15 공동선언이 발표된 사실에 주목하면 충분히 짐작할 수 있습니다.

국내에서도 낙관적 분석이 봇물을 이뤘지요. 김대중-김정일 회담은 물론, 2007년 노무현-김정일 회담으로 10·4선언이 발표되었을 때도, 2009년 미국에 오바마 정권이 들어설 때도 남과 북은 이미 통일의 길에 들어섰다는 담론이 줄을 이었습니다. 심지어 이명박 정권 시기에도 '2013년 체제'라는 담론이 희망적 관측을 담고 지식 사회에 번졌습니다.

하지만 남북 관계는 충돌 위기 상황으로 치달았습니다. 가까스로 유지되어 온 개성공단마저 2016년 2월 박근혜 정권이 전격 폐쇄했습니다. 이미 미국 NIC는 다른 전망을 하고 있었지요. 2000년에 남북이 2015년에 통일을 이루리라 전망했던 NIC가 2030년에도 남북 사이에 긴장이 이어지며 남한은 경제를 위해서는 중국을, 안보를 위해서는 미국과 긴밀한 관계를 유지할 것으로 내다봤습니다.

NIC 보고서를 과대 해석할 이유는 없지만 '강력한 군사력을 갖춘 통일한국'은 언제나 일본을 중시하는 미국에 부담이 될 수 있습니다. 2000년 보고서가 조지 부시 정권의 평양 압박과 남북대화를 견제하는 정책에 영향을 끼쳤으리라는 추측이 가능합니다.

2012년의 미국 NIC 보고서를 짚어보면 "경제를 위해서는 중국을, 안보를 위해서는 미국과 긴밀한 관계를 유지"하는 남한에 대한 '불편함'이 읽혀집니다. 2030년까지 남북 사이에 긴장이 이어진다는 전망에 미국의 희망이 담긴 것이라면, 2018년 다시 시작한 남북 대화에 들뜬 낙관은 금물입니다.

경제가 그랬듯이 통일을 논의할 때, 어떤 통일인가를 차분히 짚어야 합니다. 통일 선진국의 모습은 우리가 바라는 경제 선진국의 상과 이어질 수밖에 없습니다.

남쪽의 부익부빈익빈 체제나 북쪽의 '수령경제 체제' 모두 겨레의 미래일 수 없습니다. 남쪽 사회는 자살률, 출산율, 노동시간, 사회복지를 비롯한 삶의 여러 지표에서 '경제 선진국'을 자부하기 어렵습니다. 북쪽은 과도한 명령경제 체제가 이어지면서 '대량 아사'까지 겪었습니다. 고비를 넘기고 시장이 퍼져가고 있지만 평양 밖 민중의 삶은 여전히 경제적 고통에서 벗어나지 못하고 있습니다.

남과 북 모두에 '새로운 경제학'이 절실한 이유입니다. 5000년 역사에서 남북을 아우르는 경제발전 구상은 한 차례도 없었거든요. 왕조시대에서 곧바로 식민지, 분단으로 이어졌기 때문입니다. 남과 북의 인구를 더하면 8000만 명에 이르기에 남쪽은 과도한 수출입 의존도를 줄이고 새로운 성장 동력을 찾을 수 있으며 북쪽은 풍부한 지하자원과 우수한 노동력으로 경제발전을 이룰 수 있습니다.

기실 남과 북은 이미 제2차 남북 정상회담에서 '서해 공동 개발'

을 합의한 바 있습니다. 2007년 10월 4일 노무현 대통령과 김정일 국방위원장은 평양에서 회담을 마치고 '남북관계 발전과 평화번영을 위한 선언'을 발표했습니다. 선언은 5항에서 북의 해주 지역과 주변 해역을 포괄하는 '서해 평화협력 특별지대'를 설치해 '경제특구 건설'과 공동 이용에 합의했습니다. 선언의 5항 전문은 다음과 같습니다.

"남과 북은 민족경제의 균형적발전과 공동의 번영을 위해 경제 협력 사업을 공리, 공영과 유무상통의 원칙에서 적극 활성화하고 지속적으로 확대 발전시켜나가기로 하였다. 남과 북은 경제협력을 위한 투자를 장려하고 경제 하부구조 건설과 자원개발을 적극 추진하며 민족 내부 협력사업의 특수성에 맞게 각종 우대조건과 특혜를 우선적으로 부여하기로 하였다. 남과 북은 해주지역과 주변해역을 포괄하는 서해 평화협력 특별지대를 설치하고 공동어로구역과 평화수역 설정, 경제특구 건설과 해주항 활용, 민간 선박의 해주직항로 통과, 임진강 하구 공동이용 등을 적극 추진해나가기로 하였다. 남과 북은 개성공업지구 1단계 건설을 빠른 시일 안에 완공하고 2단계 개발에 착수하며 문산-봉동 간 철도 화물 수송을 시작하고 통행, 검신, 통관 문제를 비롯한 제반 제도적 보장 조치들을 조속히 완비해나가기로 하였다. 남과 북은 개성-신의주철도와 개성-평양고속도로를 공동으로 이용하기 위해 개보수문제를 협의 추진해가기로 하였다. 남과 북은 안변과 남포에 조선협력지구를 건설하며 농업, 보건의료, 환경

보호 등 여러 분야에서의 협력사업을 진행해나가기로 하였다. 남과 북은 북남 경제협력사업의 원활한 추진을 위해 현재의 남북 경제협력 추진위원회를 부총리급 남북 경제협력 공동위원회로 격상하기로 하였다."

남북이 합의한 서해 평화협력 특별지대 같은 구상들이 구현되는 모습을 상상하면 남북관계 미래가 새삼 밝을 터입니다.

정치적 통일은 마음에서도 미뤄야 마땅합니다. 남과 북이 경제발전을 공동으로 구상하고 협력해서 각각 부익부빈익빈 체제와 수령경제 체제를 넘어서는 '새로운 경제'를 구현해간다면, 통일은 저절로 옵니다. 문제는 장애물입니다. 현재 가장 큰 걸림돌은 '북미 핵문제'입니다. 안타까운 것은 일방적으로 미국을 대변하는 국내 일부 언론입니다.

그럼에도 새로운 경제, 통일경제의 꿈과 의지를 공유할 수 있다면 엄연한 현실인 북미 핵문제도 남과 북이 공동으로 넘어서야 옳습니다. 통일에 대한 국제사회의 여론을 미국 아닌 남북이 주도해가야 합니다.

정치를 통한 복지의 제도화

셋째, 정치 선진국입니다. 대한민국은 산업화에 이어 민주화를 이뤘다는데 보수세력도 동의할 만큼 오랜 세월에 걸쳐 민주화 투쟁이 전개되어 왔습니다. 1960년 4월혁명과 1979년 부마항쟁에 이은 1980년의 광주 5월항쟁, 1987년 6월대항쟁과 7~9월 노동인대투쟁에 이어 2016년에서 2017년에 이르는 촛불혁명을 일궈냈습니다.

하지만 과연 한국이 정치 선진국인지에 동의하는 사람은 거의 없을 것입니다. 제도권 정치에 대한 신뢰는 여러 조사에서 '가장 믿을 수 없는 직업' 1위로 꼽힐 만큼 추락해 있습니다.

유권자들의 신뢰를 받는 '정치 선진국'으로 살펴볼 수 있는 나라는 여러 곳이지만, 국내에도 일부 소개된 덴마크의 정치를 살펴보죠. 무엇보다 덴마크에는 거들먹거리는 정치인이 없습니다. 가끔 화제가 되는 대한민국 국회 영상을 보면, 국회의원들이 호통을 치며 특권층 행세를 하는 모습이 보입니다.

그런데 국가 청렴지수가 세계 1위인 덴마크 국회의원들은 자전거로 출퇴근합니다. 국회의사당 들머리 정면에는 '사통四痛' 곧 이와 귀, 머리와 배가 아파 고통스러워하는 표정을 표현한 조형물이 있습니다. 의사당에 들어올 때 무엇보다 국민의 고통을 생각하라는 뜻이지요.

덴마크의 평균 투표율은 80퍼센트가 넘습니다. 국민 대다수가 정치인들을 감시하기에 그들이 지나친 연봉을 챙기거나 특권을 누리는 일은 상상할 수도 없습니다. 의사당에 자전거 주차장이 있습니다. 덴마크의 한 국회의원이 보좌관도 없이 자전거를 타고 다니는 이유에 대해 "일반 민중과 똑같은 삶을 살고 싶어서"라고 담담하게 밝히는 모습은 한국에서 보기엔 충격이기도 합니다.

한국은 자못 다릅니다. 국회의원들의 특권은 더 말할 나위가 없을 정도로 많습니다. 한국의 정치인들을 설명할 때 적실한 정치학 개념이 있는데요. 바로 '정치계급'입니다. 학자들에 따라 개념 정의가 다소 차이가 있지만, '민주주의 시대이기에 정치가 모든 사람에게 열려 있다고 주장하며 실제로는 자신들이 정치를 독점하는 사람들'을 일컫습니다.

선거를 앞두고만 머리를 조아릴 뿐 국민 위에 군림하는 모습을 대한민국 정치인들에게서 찾기는 어려운 일이 아닙니다. 정치를 독점한 사람들은 이미 한국 사회는 민주화되었다고 주장합니다. 1987년에 대통령 직선제를 도입했으니 이제 민주주의는 이뤄졌다는 거죠.

하지만 정치학자 최장집은 『민주화 이후 민주주의』에서 "민주화 이후 한국 사회가 질적으로 나빠졌다"고 주장해 논쟁을 불러일으켰습니다. 그가 김대중 정부에서 대통령 정책기획위원장으로 활동했기에 더 그렇습니다. 최장집이 왜 민주화 이후 민주주의에 날 선 비판을 했는지 귀 기울여볼 필요가 있습니다.

"계급 간 불평등 구조는 훨씬 빠른 속도로 심화되어 왔으며, 과거 교육과 근면을 통해 가능했던 사회이동의 기회는 크게 줄어들었다. 어느덧 서울의 강남을 중심으로 상층계급 문화가 발전하고 소득과 교육의 기회가 점차 정비례하는 현실이 되었다. 그러면서 중산층 상층의 특권화된 사회 부분과 나머지 서민이라고 할 수 있는 사회 부분 간의 괴리는 심화되었다."

- 『민주화 이후 민주주의』(후마니타스 펴냄) 중에서

한국의 정치 현실을 날카롭게 포착하고 있지요. 한국 정치판의 여당과 야당이라는 양당체제가 우리 사회의 이익과 요구를 광범위하게 대변하지 못하고 사회의 기득권층을 대변하고 있다는 비판은 6월대항쟁 이후 끊임없이 제기되어 왔습니다.

2020년 2월 현재도 한국 정치는 더불어민주당과 미래통합당^{전 자유한국당}이 여전히 '양당체제'를 이루고 있습니다. 촛불혁명에 적극 참여한 정치학자 강우진은 한국 민주주의가 촛불혁명을 통해 '제도적인 안정성과 역동성을 함께 가진 예외적인 민주주의'로 국제적인 찬사를 받았다고 평가합니다. 그러나 제도 정치권 밖에 여전히 "파편화된 많은 시민들과 중요한 이슈들이 존재한다"고 지적합니다. 19대 대선에서 이미 문제점이 나타났다는 것인데요.

'촛불대선'은 1997년 제15대 대선 이후 가장 높은 투표율을 기록해 77.2퍼센트였지만, 1000만 명 가까운 유권자가 투표에 참여하지 않았습니다. 대선 직후에 한국 정치학회가 실시한 조사에 따르면, 투표 전체 불참자 비율^{22.8퍼센트}에 비해서 불참자가 훨씬 높은 사람들이 있습니다.

바로 실업 상태인 사람들^{41.67퍼센트}, 가구소득이 100만 원 이하 최하층 사람들^{41.18퍼센트}, 학생^{40.98퍼센트}, 남의 집에 월세로 살고 있는 사람들^{35.29퍼센트}, 총자산이 5000만 원 이하 사람들^{31.08퍼센트}입니다. 정치를 통해 자신의 삶을 바꿀 수 있는 사람들이 정작 투표에 참여하지 못하거나 않고 있는 거죠. 앞장에서 소개한 대구의 택시기사와 광주의 택시기사를 떠올리지 않을 수 없습니다.

촛불혁명으로 대통령 파면을 이끌어냈지만, 한국 정치에 어둠은 아직 깊습니다. 가난하고 힘없는 사람들은 정치로부터 멀어져 있습니다. 투표율마저 뚜렷하게 낮습니다. 투표해도 소용없다는 인식이 깊은 거죠.

덴마크 국회의사당 지하 1층 견학 홀에는 10대 학생들의 방문이 끊이질 않습니다. 정치를 삶의 중요한 한 부분으로 인식할 수 있도록 친절한 정치 교육이 현장에서 이뤄집니다. 국회의원의 의정 활동을 경험토록 해 정치에 관심을 갖도록 하는 거죠. 대부분이 정당들의 정책을 잘 알고 있습니다.

2020년 2월 현재, 대한민국의 20대 세 명 가운데 한 명은 열심히 일을 해도 '노동 빈곤층'에서 벗어나지 못하고 있습니다. 청년 1인 가구는 주거 빈곤과 불안정 고용에 시달릴 뿐만 아니라 중장년이 되어서도 탈출하기 쉽지 않습니다.

덴마크가 행복한 나라로 꼽히는 이유를 단순히 폭넓은 복지제도에서 찾을 수 없습니다. 그 복지제도를 누가 만들었는가를 짚어야겠지요. 덴마크에선 정치가 사람들의 생활과 밀접하게 이어져 있습니다. 바로 그렇기에 복지제도가 발전했다고 볼 수 있겠지요. 투표를 통해 정치를 바꾸고, 정치가 복지를 제도화해왔습니다.

9

행복할 권리,
투표할 의무

정치를 바라보거나 투표를 할 때 우리가 짚을 가치는 무엇일까요. 가능한 보수와 진보가 두루 공감할 수 있으면 좋겠지요. 그 가치를 헌법에서 찾으려는 이유입니다. 투표와 관련해 헌법에 명문화한 내용 가운데 가장 주목할 대목은 '행복하게 살아갈 권리'입니다

인간 존엄을 지키는 정치

대한민국 헌법 제2장 국민의 권리와 의무의 첫 조항인 헌법 제10조에 행복한 삶이 규정되어 있습니다.

"모든 국민은 인간으로서의 존엄과 가치를 가지며, 행복을 추구할 권리를 가진다. 국가는 개인이 가지는 불가침의 기본적 인권을 확인

하고 이를 보장할 의무를 진다."

대한민국에서 살아가는 모든 사람은 존엄하며 행복을 추구할 권리가 있다는 선언입니다. 달리 말하면 자신이 행복하지 않을 때, 국가에 자신의 불행을 해결해달라고 요구할 권리가 있다는 뜻이지요. 하지만 우리가 살아가는 현실은 헌법과 사뭇 다릅니다. 한국인들은 대부분 행복하지 않거든요.

유엔의 자문기구인 지속가능발전해법 네트워크^{SDSN}가 발표한 '2019 세계 행복보고서'에 따르면 한국은 행복지수 10점 만점에 5.895점을 받아 54위에 올랐습니다. 최상위권에는 북유럽 국가들이 포진해 있습니다. 핀란드가 '세계에서 가장 행복한 국가'에 올랐고, 덴마크, 노르웨이, 아이슬란드, 네덜란드, 스위스, 스웨덴, 뉴질랜드, 캐나다, 오스트리아 순으로 10위권에 자리했습니다.

한국인의 행복지수가 낮다는 통계는 여러 곳에서 나타나는데요. 자신의 삶이 불행하다는 의식도 높아 해마다 발표되는 자살률이 부동의 세계 1위입니다.

2020년 1월 서울시가 발표한 '지역사회 건강조사' 결과에 따르면 대한민국 수도에서 살아가는 시민 10명 가운데 최근 1년 사이에 자살을 생각해본 적이 있는 사람은 두 명꼴이었습니다. 나이별로는 20대가 가장 높아 네 명 가운데 한 명입니다. 자살을 생각했던 주된 행동원인은 '경제적 어려움'이 23.8퍼센트로 가장 높았습니다.

물론, 자살을 생각하는 것과 실제 결행하는 것은 큰 차이가 있습니다. 하지만 실제 2019년 한해 언론에 보도된 가족 동반 자살 사건만 짚더라도 무려 27건입니다. 13일에 한 번꼴로 일가족 자살사건이 벌어진 나라에 우리가 살고 있는 셈이지요.

10만 명당 자살하는 사람의 국가별 비율에서 한국이 처음으로 세계 1위에 오른 시점에 발생한 사건을 들여다보면, 대한민국에서 살아가는 삶의 현실이 헌법에 보장된 '행복을 추구할 권리' 곧 행복권과 얼마나 어긋나 있는지 생생하게 실감할 수 있을 것입니다.

그 사건이 일어난 날은 공교롭게도 대한민국 헌법을 제정한 7월 17일이었습니다. 대통령에 노무현이 취임하고 그가 대선에서 공약한 대로 '분배를 통한 경제성장'에 대한 기대가 컸던 2003년의 제헌절이었는데요.

그녀는 서른네 살, 동네에서 착하기로 소문난 여성이었습니다. 날이 저물어가던 무렵에 젊은 주부로 살아가던 여성은 막내를 등에 업고 어린 남매의 손을 두 손에 꼭 잡은 채 16평 서민아파트를 나섰습니다. 1700만 원짜리 전세였습니다. 부슬부슬 비를 맞으며 자신과 아이들이 살아보지 못한 고층아파트 단지를 찾았습니다. 승강기를 탈 때만 해도 아이들은 신기해했습니다. 15층 꼭대기에서 내렸지요. 복도로 나가서 밖을 조망했습니다. 오후 6시. 여전히 이슬비가 내리고 있었지요.

다섯 살 아들을 가슴에 꼭 안고 창밖을 보던 여성은 돌연 아이를 15층 아파트 난간 너머로 밀었습니다. 초등학교 1학년이던 큰딸은 곧바로 자신에게 다가온 엄마에게 뒷걸음치며 외쳤습니다.

"엄마! 살고 싶어요."

엄마는 손사래 치는 딸을 기어이 두 팔로 안았습니다. 딸은 다시 부르댔습니다. "엄마 살려주세요"라고요.

하지만 엄마의 힘을 당할 수 없었습니다. 기어이 난간 밖으로 떨어졌지요. 무서움에 비명도 지르지 못하고 꽃잎처럼 차디찬 아스팔트로 떨어졌습니다. 마지막으로 등에 업었던 아기를 가슴에 품은 채 자신도 몸을 던졌습니다. 네 사람의 선혈로 아스팔트는 붉게 물들었지요. 참극으로 삶을 마친 30대 여성이 바지 주머니에 남긴 유서는 간단했습니다.

"아이들에게 미안하다. 살기 싫다."

유서 아래는 고향의 친정집 전화번호가 적혀 있었습니다. 대한민국 인천시에서 21세기에 일어난 참극입니다.

초등학교 같은 반 친구였던 남편과 딸, 아들을 낳고 행복하게 살아가던 그들에게 비극은 어느 날 갑자기 시작되었습니다. IMF의 어두운 그림자가 드리웠지요. 지구촌 곳곳에서 21세기가 열렸다며 환호하던 2000년, 바로 그해에 남편이 일하던 가구회사가 부도났습니다.

밀린 월급도 받지 못했습니다. 곧이어 막내가 태어났습니다. 남편은 딱히 다른 직업을 가질 수 없어, 건설 현장에서 일용직 노동을 했습니다. 하지만 비정규 일용직이어서 일감이 늘 있을 수 없었지요. 그래서 그녀는 결혼 뒤 줄곧 주부로 살아왔지만, 틈날 때마다 식당에 나가 허드렛일을 했습니다.

하지만 아기를 포함해 어린 자녀 세 명을 돌봐야 했습니다. 허드
렛일마저 할 형편이 아니었지요. 어린 자녀를 두고 부부가 문을 잠
그고 나갔다가 불이 나 아이들이 모두 숨졌던 사건을 텔레비전으로
보았던 게 악몽처럼 떠올랐거든요.

결국 살아남기 위해 은행에서 1000만 원을 빌렸습니다. 곧 남
편이 직장을 잡으리라는 기대가 있었습니다. 남편 이름의 카드로
1000만 원을 추가 대출했습니다. 은행 신용카드 세 개로 빚을 돌려
막다가 남편과 자신, 모두 신용불량자로 분류됐습니다.

그녀는 빚 독촉에 시달렸습니다. 카드빚 갚으라는 독촉 전화가
시도 때도 없이 걸려왔지요. 아기가 피부병으로 괴로워 보채도 병
원에 갈 치료비가 없었습니다. 남에게 아쉬운 소리를 해야 하는 신
세를 비관했습니다. 아이들의 장래를 생각하면 잠을 이룰 수 없었
지요.

아기가 열이 심해 병원에 가야 하는데 돈이 없었습니다. 언니에
게 빌려달라고 했습니다. 5만 원을 부쳐 받았지만 때마다 손 벌리기
가 구차스러웠습니다. 그날은 큰딸이 수영장으로 현장 학습을 가는
날이었는데요. 참가비 3800원을 줄 수 없었어요. 수영장에 가지 못
한 딸에게 더없이 미안했습니다.

참사가 일어나자 대다수 언론은 '비정의 모정'이니 '모진 모정'이
라고 몰아세웠습니다. 하지만 이웃사람들의 증언은 전혀 달랐는
데요.

"천사표였어요. 부부 금실도 좋았고요. 아이 엄마가 참 아이들을

끔찍이 사랑했어요. 너무 사랑한 나머지…."

사고 당일에도 아이들 옷을 정성껏 빨래했습니다. 그날 찾아왔던 친구에게 물었답니다.

"살기 힘들어, 내가 자살하면 저 아이들은 어떻게 될까."

사건을 담당한 인천 부평경찰서에 따르면 생활고를 비관한 자살 사건이 부평 지역에서만 일주일에 한두 건은 접수된답니다. 병사는 더 많고요. 오랜 시간 술에 찌들어 폐와 간이 망가져 피를 토하고 죽은 변사체로 발견된다더군요.

과연 언론은 그녀의 죽음 앞에서 비정한 모정을 따져야 옳았을까요? 아니겠지요. 행복하게 살아갈 권리를 송두리째 빼앗긴 그녀와 아이들에게 최소한 생존권 걱정을 하지 않는 법과 제도는 무엇인가를 취재해서 보도하고 여론화에 나서야 옳지 않았을까요.

복지와 자살률의 상관관계

실업자가 되어도 생존권만은 위협받지 않는 실업수당이 있다면, 몸이 아플 때 누구나 무료로 치료받을 수 있다면, 어린 자녀들이 대학까지 무료로 공부할 수 있다면, 아기를 맡기고 일할 수 있는 공공 보육시설이 동네마다 운영되고 있다면, 부평 일가족의 끔찍한 불행은 얼마든지 막을 수 있었을 것입니다. 이미 그런 법과 제도들이 시행되고 있는 나라들이 있기에 더욱 안타까운 일이지요.

그 사건이 일어나고 15년이 더 흘러서도 변함은 없습니다. 2019년 한해에 27건이나 일어난 일가족 자살 또한 2003년 제헌절의 비극이 그렇듯이 생활고 때문이었습니다. 정부의 지원을 전혀 받지 못하거나 받더라도 너무 적어 극단적 선택에 이르는 사례들입니다.

역사적 전통을 보더라도 본디 한국인의 자살률은 높지 않았습니다. 1987년 6월대항쟁이 일어난 그해 한국의 자살자 수는 10만 명당 8.2명이었습니다. '세계 1위'와는 거리가 한참 멀었지요. 그 시기 형가리가 압도적 1위였고 미국의 자살률도 우리보다 높았습니다.

6월대항쟁 이후 대통령 직선제가 채택된 1988년 자살자 수는 7.3명_{이하 모두 10만 명당}으로 줄어들었습니다. 한 해에 0.9명이 줄어든 것은 결코 적은 수치가 아닙니다. 이제 민주주의가 시작됐다는 희망과 기대가 반영됐다고 추정할 수 있습니다.

하지만 노태우 정부의 마지막 해¹⁹⁹²에 자살자는 8.3으로 늘어났습니다. 김영삼 정부가 들어선 첫해인 1993년에 9.4명으로 늘어납니다. 그의 임기 마지막 해인 1997년을 볼까요? 13.0명입니다. 자살자들이 이미 급속도로 불어나고 있지요.

결정적인 변수는 김영삼 정권 말기에 터진 국제통화기금의 구제금융 사태였습니다. 김대중 정부가 IMF의 요구를 거의 그대로 수용해 대량 해고가 벌어진 1998년에 18.4명으로 껑충 뜁니다. 1999년에는 14.9명으로 줄어들었지만 그의 집권 마지막 해인 2002년에 17.9명이었습니다.

노무현 정부가 들어선 2003년에도 22.6명, 이듬해 23.7명, 다시

24.7명으로 해마다 늘어납니다. 2006년 조금 내려갔지만[21.8명], 그의 임기 마지막 해인 2007년에는 24.8명이 됩니다. 김대중 정부 말기와 비교해 5년 사이에 17.9명에서 24.8명으로 6.9명이나 자살자들이 늘어났습니다.

이명박 정부가 들어선 초기에 더 가파르게 치솟아 첫해인 2008년 26.0명에서 이듬해인 2009년 곧장 30명을 넘었고 2010년에 31.2명이었습니다. 임기 마지막 해인 2012년에는 28.9명으로 줄어들었지만, 노무현 정부 말기와 비교해 4.1명 늘었습니다. 박근혜 정부가 촛불혁명으로 물러난 해인 2016년 자살률은 25.6명이었습니다.

문재인 정부가 들어선 2017년에 자살률은 24.3명으로 더 줄어들었지만 2018년 26.6명으로 전년보다 2.3명 늘어났습니다. 2.3명이라는 수치는 2017년에 비해 1200여 명이 더 자살했다는 뜻입니다. 2018년 한해 자살한 사람이 1만 3670명이므로 하루 평균 37.5명이 스스로 목숨을 끊은 셈입니다. 젊은 세대의 자살이 급증했는데요. 10대는 22.1퍼센트나 늘었습니다.

자살률 26.6명은 OECD 회원국 가운데 단연 1위로 일본[15.2명], 미국[13.9명], 덴마크[9.4명]의 자살률을 크게 웃돕니다.

그렇다면 자살률과 투표권은 무슨 관계가 있을까요. 그 밀접한 관계가 객관적 통계로 나타난 연구를 들여다볼 필요가 있습니다. 미국 하버드대학 교수인 제임스 길리건은 1900년부터 2007년까지 미국의 자살률과 살인율 통계를 분석하던 어느 날 의미 있는 사실을 발견합니다. 자살률과 살인율의 급격한 변화 주기가 대통령 권력 교체와 맞아떨어졌습니다.

1900년에 10만 명당 15.6명이었던 폭력 치사^{살인과 자살의 합계} 발생률은 1912년까지 공화당이 내내 집권하면서 21.9명으로 늘어났습니다. 그러나 1913년에 민주당의 우드로 윌슨이 대통령이 되고 1914년부터 1920년까지는 폭력 치사 발생률이 꾸준히 감소하여 17.4명까지 떨어졌지요. 윌슨 정권이 끝나고 1921년부터 1932년까지 12년 동안에는 다시 공화당이 집권했는데 폭력 치사 발생률이 다시 올라 1932년에는 26.5명으로 급등했습니다.

1933년 민주당의 프랭클린 루스벨트가 집권하면서 20년간의 민주당 집권기가 시작되었고, 폭력 치사 발생률은 다시 급속하게 내려갔습니다. 1944년에는 15명으로 공화당 집권기 마지막 해의 26.5명보다 40퍼센트 넘게 떨어졌습니다.

제2차 세계대전의 영향으로 약간 상승한 것을 제외하면 1969년 공화당의 닉슨이 대통령에 당선될 때까지 폭력 치사 발생률은 20명 아래를 유지했습니다.

공화당과 민주당 집권 시기에 나타나는 차이는 그 뒤에 조지 부시 정권에 이르기까지 계속 이어집니다. 길리건은 그런 차이가 나타나는 이유를 분석하고 그 결과를 책에 담아 『왜 어떤 정치인은 다른 정치인보다 해로운가』를 2011년 출간했지요.

연구결과에 따르면, 보수정당인 공화당 출신이 대통령이 될 때마다 온 나라가 자살과 살인이라는 '치명적 전염성 폭력'으로 고통받았습니다. 길리건은 그 이유를 권위주의적 보수정당이 추구하는 정책에서 찾았습니다. 사회 구성원들 사이에 불평등이 깊어지면서 수치심과 모욕감에 사로잡히는 사람들이 크게 늘어나기 때문이라는 거죠.

보수정당은 사회의 위계질서를 중시하며, 타인을 무시하고 경멸하도록 부추기고, 불평등을 자연의 법칙으로 찬미합니다. 따라서 그 정당이 집권할 때 사회에는 수치심, 모욕감, 분노가 팽배하고 자살과 타살이라는 극단적 폭력이 발생할 확률이 높아지지요.

그럼에도 위계질서를 중시하며 타인을 경멸하고 불평등을 자연의 법칙으로 여기는 정당이 선거에서 이기는 이유는 무엇일까요? 불평등 탓에 폭력범죄가 늘어나면 미국인은 인권과 복지를 중시하는 진보적 정책을 비난하고 보수 성향의 후보로 돌아서는 경향이 있다는 겁니다. 범죄자를 단호하게 응징하는 정책에 동의하고, 범죄자의 대다수를 차지하는 저소득층에게 복지 혜택을 '공짜'로 주는 정책에도 거부감을 품습니다. 자본의 이익을 대변하는 공화당은 중상류층과 중하류층이 최하류층을 미워하게 만드는 '분할통치Divide and Rule' 전략으로 권력을 거머쥡니다.

'행복한 삶'은 국민의 권리

폭력범죄의 주된 희생자는 대체로 가난한 사람들입니다. 폭력범죄가 늘어난다 하더라도 부유층은 어차피 경비원이 지키는 구역 안에서 살거나 비싼 돈을 주고 사설 경비업체를 고용하므로 위협을 느끼지 않습니다.

범죄율과 폭력 발생률이 높아질수록 중산층과 저소득층은 서로를 증오하도록 농락당합니다. 더구나 자기 호주머니를 진짜 털어가는 사람은 자신들 가운데 있는 비교적 소수인 좀도둑이 아니라. 극소수인 최상류층과 그들을 대변하면서 돈을 저소득층과 중산층의 손에서 상류층의 손으로 옮기는 공화당 정치인임을 깨닫기 어려워집니다.

분할통치는 높은 범죄율을 불러옵니다. 미국 공화당은 범죄자를 단호하게 다스리는 정책을 내세우지만, 그런 정책은 오히려 범죄를 부추깁니다. 여러 총기 사고에서 드러나듯이 미국 10대들의 희생이 자주 일어나고 있습니다.

그러나 미국에서 개인의 총기 소유가 법으로 금지되는 일은 요원합니다. 권총 규제에 반대하는 핵심 로비 집단인 미국총기협회가 공화당을 후원하기 때문이지요. 미국 공화당은 부익부빈익빈 정책으로 실제로는 범죄율을 증가시키면서도, 겉으로는 범죄를 엄격하게 처단해서 범죄율을 끌어내리겠다고 주장합니다. 아울러 범죄 대처에 미온적이라고 미국 민주당을 비난해서 유권자들로부터 지지를 받습니다.

역설은 한국 사회에서도 발견됩니다. 정말 생활이 어려운 사람들이 상류층의 이익을 대변하는 정치인이나 정당을 대통령 선거나 총선에서 지지하는 양상을 보이고 있으니까요. 권력과 자본을 대변하는 언론들이 정규직과 비정규직, 비정규직과 실업자, 기성세대와 청년세대 사이를 끝없이 갈라놓고 있는 현실을 직시해야 합니다. 한 사회에서 절대다수를 지배하는 극소수가 쓰는 전략은 언제나 분할통치이니까요.

미국 민주당과 공화당도 차이가 큰데 하물며 노동운동에 기반을 둔 진보정당이 집권했거나 집권하고 있는 사회는 어떨까요? 미국은 보수 양당체제이지만 유럽은 진보정당들이 보수정당과 정권을 주고받고 해왔거든요. 대표적으로 프랑스 사회당, 독일 사회민주당사민당, 영국 노동당을 들 수 있지요. 스웨덴 사회민주노동당사민당도 성격이 같습니다.

구체적 생활 모습을 살펴 차이를 알아볼까요. 핀란드에서 자라 미국 뉴욕에서 기자로 살고 있는 아누 파르타넨은 "미국은 자기네와 마찬가지의 자유를 누리면서도 그처럼 난리법석 떨지는 않는 나라가 전 세계에 아주 많다는 사실을 모르는 것 같다. 나아가 미국에 없는 새로운 종류의 자유를 누리는 시민들이 있다는 사실도 알아차리지 못하나 보다"고 꼬집었습니다. 그는 '북유럽 사회가 행복한 개인을 키우는 방법'에 대해 국내에 '우리는 미래에 조금 먼저 도착했습니다' 제목으로 번역된 책에서 다음과 같이 말합니다.

"핀란드인들이 어떤 부당함을 알아차릴 때마다 쏟아내는 숱한 분노와 불평은 특히 그런 부당함이 사소하게 여겨지는 나라 사람들에게는 성가시게만 보일 테다. 그렇기는 해도 이런 부정적 반응 능력이

야말로 핀란드의 성공 비결의 하나다. 핀란드 사람들은 사회 환경을 개선할 실질적인 변화를 재빨리 요구한다. 오늘날 미국인은 내면으로 향하고 명상하고 긍정적 사고를 함양하는 쪽으로 기울고 있지만, 핀란드인은 문제가 있으면 고쳐질 때까지 정치인들한테 고함을 칠 것이다. 누구도 자신의 문제와 과제에만 집중하자고 권유하지 않을 것이다."

– 『우리는 미래에 조금 먼저 도착했습니다』(원더박스 펴냄) 중에서

미국에서 복지^{welfare}라는 말은 '복지에 의존하는^{on welfare}'이라는 뜻으로 흔히 쓰입니다. 가난하고 실업자이며 사회적 짐이라는 의미가 담겨 있지요. 하지만 핀란드어에서 '복지국가'에 가장 가까운 용어는 '웰빙^{well-being} 국가'입니다.

북유럽 국가들의 민중은 결코 '무임승차꾼'이 아닙니다. 자신이 치르는 값만큼 복지를 누릴 따름입니다. 그들은 강한 공공복지 체계 마련이 경제성장의 견인차임을 증명하고 있습니다. 누구나 살면서 마주치는 위험과 필요한 안전의 문제를 모든 사람이 자금을 대는 공적체계에서 다루는 것이 각자가 개인적으로 저축하는 것보다 더 효과적이며 효율적임을 확신합니다.

스웨덴 대학에서 지속가능한 발전을 연구하고 온 하수정은 『북유럽 비즈니스 산책 – 경쟁하지 않는 비즈니스를 만나다』라는 책에서 자신이 받은 신선한 충격을 소개합니다.

"한국에서 함께 대학을 다닌 동창 한 명이 있다. 그녀는 디자인을 공부하러 핀란드로 떠나 그곳에서 핀란드 사람과 결혼했다. 어느 날 이 친구가 페이스북에 올린 글을 보고 한참을 웃었다. 친구의 일곱 살 된 딸의 꿈이 변호사인데 남편이 딸을 붙들고 제발 변호사가 되지 말라고 설득 반 애걸 반 하고 있더란다. 남편의 말은 변호사들은 다 '거짓말쟁이'라는 거였다. 진실을 알면서도 모르는 척해야 하고, 나쁜 사람 편을 들어야 될지도 모르는데 그 이유가 하찮은 '돈'이라는 말이었다. 오직 진실과 정의를 위해 숨 막히는 직업윤리를 지키며 일하시는 변호사들께는 죄송하다! 세상에 돈과 바꿔서는 안 될 소중한 것이 얼마나 많은데 돈 때문에 거짓말하는 직업을 택하느냐면서 딸에게 진지하게 다시 생각해달라고 간곡히 청하고 있더란다. 한참 아빠 속을 태우던 딸이 인심이라도 쓰듯 알았다고, 대신 축구선수가 되겠다고 하니 남편이 그렇게 기뻐할 수가 없었단다."

– 『북유럽 비즈니스 산책』(한빛비즈 펴냄) 중에서

스웨덴의 일곱 살 아이들에게 스케치북과 크레파스를 주고 어른이 되면 뭐가 되고 싶은지 그려보라고 했을 때, 같은 꿈을 꾸는 아이가 드물었다고 합니다. 만화가, 트랙터 운전사, 조련사, 가수, 30미터 거리에서 슛을 성공하는 축구선수 들로 직업군이 다채로웠다는 거죠.

하지만 한국 아이들의 꿈은 "연예인과 부자가 압도적"입니다. 의사, 판사, 선생님이 뒤를 따르지요. 스웨덴 연구자는 "어떤 직업의 결과로 부자가 되고 싶다고 할 수는 있지만 어떻게 '그냥 부자'가 꿈일 수 있지? 일곱 살이 돈 쓸 일이 얼마나 많다고 부자가 되고 싶어하는 걸까" 자문하고 그 이유를 "직업에 귀천이 없고 수입 편차가 크지 않은 사회와 그렇지 않은 사회의 차이"에서 찾았습니다.

그럼 여기서 행복한 삶이 무엇인가를 함께 생각해보죠. 사람마다 무엇이 행복인가에 차이가 있을 겁니다. 사고는 다양할수록 좋지요. 하지만 그렇다고 해서 행복의 사전적 정의까지 상대적인 것으로 여길 수는 없습니다.

'행복한 삶'이 무엇인가에 대해 우리 국어사전은 명확하게 규정하고 있습니다. 바로 '복지'입니다. 국어사전을 찾아보면 '복지'를 '행복한 삶'이라고 풀이하고 있거든요.

따라서 복지는 보수와 진보를 떠난 가치임을 새삼 확인할 필요가 있습니다. 엄연한 헌법적 가치로서 국민의 권리이니까요.

투표, 촛불혁명의 완성으로 가는 길

우리 헌법은 전문에서도 "국민 생활의 균등한 향상을 기하고 밖으로는 항구적인 세계 평화와 인류 공영에 이바지함으로써 우리들과 우리들 자손의 안전과 자유와 행복을 영원히 확보할 것을 다짐"하고 있습니다. 복지가 '행복한 삶'이라는 국어사전 뜻이 바뀌지 않는 한, 한마디로 말해서 복지국가는 대한민국의 헌법 정신입니다.

그 가장 구체적인 헌법 조항은 제34조입니다. 헌법 34조를 모든 유권자들은 당당하게 읽을 권리가 있습니다.

① 모든 국민은 인간다운 생활을 할 권리를 가진다.

② 국가는 사회보장·사회복지의 증진에 노력할 의무를 진다.

③ 국가는 여자의 복지와 권익의 향상을 위하여 노력하여야 한다.

④ 국가는 노인과 청소년의 복지향상을 위한 정책을 실시할 의무를 진다.

⑤ 신체장애자 및 질병·노령 기타의 사유로 생활능력이 없는 국민은 법률이 정하는 바에 의하여 국가의 보호를 받는다.

⑥ 국가는 재해를 예방하고 그 위험으로부터 국민을 보호하기 위하여 노력하여야 한다.

헌법은 바로 다음 제35조에도 복지의 권리를 담고 있습니다.

① 모든 국민은 건강하고 쾌적한 환경에서 생활할 권리를 가지며, 국가와 국민은 환경보전을 위하여 노력하여야 한다.

② 환경권의 내용과 행사에 관하여는 법률로 정한다.

③ 국가는 주택개발 정책 등을 통하여 모든 국민이 쾌적한 주거생활을 할 수 있도록 노력하여야 한다.

우리 헌법이 곳곳에서 강조하고 있듯이 행복한 삶, 곧 복지는 결코 진보만의 정치적 과제일 수 없습니다. 진보든 보수든 헌법대로 정치를 하려면 복지국가 건설에 최선을 다해야 옳습니다. 유권자들 또한 헌법이 보장한 우리의 권리인 '행복한 삶'을 실현하려는 정책을 누가 실현하려고 공약하는가에 주목해야겠지요.

한국 정치에서 '복지'라는 말은 오랫동안 환영받지 못하거나 익숙하지 않은 언어였습니다. 그렇게 된 데에는 여러 이유가 있는데요.

먼저 '복지'라는 말을 즐겨 쓴 정치세력의 위선입니다. 박정희가 쿠데타를 일으킨 뒤 한때 '복지사회'를 내걸었듯이, 광주 도심을 피로 물들인 전두환이 대통령에 취임하며 국정 목표로 '민주주의의 토착화, 복지사회의 건설, 정의사회의 구현, 교육혁신과 문화 창달' 네 가지를 내걸었습니다. 민주주의는 물론이고 '복지사회의 건설'이나 '정의사회의 구현'이라는 전두환과 5공화국의 '약속'을 얼마나 신뢰할 수 있었을까요.

게다가 여론시장을 독과점해온 신문들은 '복지'라는 말을 언제나 '복지병'과 연관 지어 기사를 작성하고 논평해왔습니다. 정치인들이 복지라는 말을 쓰길 꺼린 이유입니다.

복지가 한국 정치의 새로운 상징으로 떠오른 직접적 계기는 전국적 규모의 선거를 거치면서였습니다. 2010년 6월에 전국에서 치러진 지방선거와 교육감 선거가 그것입니다. 대한민국 선거 사상 처음으로 '무상급식'을 비롯해 복지가 뜨거운 쟁점으로 부각됐지요.

애초 진보세력의 교육감 후보들이 내놓은 무상급식 공약에 보수 정치 세력이 반대하고 나섬으로써 복지는 교육감 선거를 넘어 지방선거 전반에 걸쳐 쟁점화하기 시작했습니다. 보수정치 세력은 초중등학교에 전면 무상급식을 하면 오히려 부잣집 아이들이 이익을 본다며 되레 '불공평'하다는 논리를 전개했습니다. 이어 무상급식을 주장하는 사람들을 겨냥해 "좌파 망국론"을 펴며 색깔을 칠해 갔지요.

선거 결과는 뚜렷했습니다. 유권자들은 무상급식에 손을 들어주었습니다. 2010년 6월 지방선거에서 무상급식이 쟁점으로 부각될 수 있었던 밑절미에는 10여 년 동안 학교 급식운동을 꾸준히 벌여온 사회운동이 있었습니다.

2010년 지방선거와 교육감 선거에서 한나라당이 패배한 뒤 정치인들은 너나 할 것 없이 '복지'를 부르대고 나섰습니다. 당시 이명박 대통령도 '공정 사회'를 갑자기 강조하기 시작했고, 박근혜는 '복지'를 강조하며 국회에서 공청회까지 열었습니다.

대다수 정치인들에게 선거는 정치의 처음이자 마지막입니다. 따라서 정치인이 세상의 변화에 적극 대처하고 변화해가는 모습은 결코 흠이 아닙니다. 소통이 안 되는 시대에 그것은 오히려 미덕이기도 합니다.

문제는 비판이나 선거 결과를 받아들이는 진정성입니다. 자칫 진정성은 주관적 평가 대상으로 보이지만 정책 변화의 실체적 내용을 분석하면 얼마든지 확인할 수 있습니다. 실체적 변화 없이 이미지만 포장하는 변화는 유권자인 국민을 기만하는 일입니다.

박근혜를 비롯한 많은 정치인들이 복지를 주장했지만, 과연 그들이 부익부빈익빈을 낳은 신자유주의 체제를 바꿀 의지가 있는지가 관건입니다. 분배를 강조했던 노무현 정부마저 집권 5년 동안 부익부빈익빈이 심화된 현실은 많은 시사점을 줍니다. 복지 예산을 늘렸어도 경제구조에서 빚어진 격차가 더 크게 벌어졌기 때문입니다.

이명박 정부와 박근혜 정부는 선거 때와 달리 임기 내내 복지를 시혜의 차원으로 접근했습니다. 물론, 두 사람만이 아닙니다. 시혜적 복지관을 지닌 사람들이 한국의 정치판과 언론계에서 '주류'를 형성하고 있습니다. 그들은 보편적 복지를 주장하는 사람들에게 무람없이 색깔 공세를 벌여왔습니다.

새삼 진지하게 묻고 정리할 필요가 있습니다. 과연 복지는 시혜일까? 보편적 복지는 좌파의 포퓰리즘일까?

복지의 뜻이 '행복한 삶'임을 되짚어보면 그 대답은 자명합니다. 복지는 사람의 권리, 곧 인권이기 때문입니다. 인권이란 결코 어떤 특정한 사람이 어떤 특정한 사람에게 주는 '시혜'일 수 없는 개념입니다.

대한민국 헌법은 행복추구권을 넘어 원천적으로 주권을 강조하고 있습니다. 헌법 제1조 ①항 "대한민국은 민주공화국입니다"에 이어 ②항은 "대한민국의 주권은 국민에게 있고, 모든 권력은 국민으로부터 나온다"입니다.

모든 권력 – 정치권력만이 아님을 주시할 필요가 있습니다 – 은 국민으로부터 나온다는 헌법 제1조와 현실 사이에는 '계곡'이 있습니다. 헌법 제10조가 보장한 '행복을 추구할 권리' 또한 일가족 자살 사례들에서 확연하게 드러나듯이 현실과 동떨어져 사문화되어 있습니다.

여기서 우리는 왜 행복추구권은 물론 주권이 현실화하지 못하고 있는가를 살펴야 옳겠지요. 주권이 대한민국에서 현실로 구현되지 못하는 이유는 독일의 법학자 루돌프 폰 예링이 날카롭게 규정한 권리 개념에서 찾을 수 있습니다.

예링은 "권리 위에서 잠자는 자는 보호받지 못한다"고 단언했습니다. 헌법에 모든 권력은 국민으로부터 나온다고 명문화하고 행복추구권을 강조했어도 그 권리 위에서 잠자는 사람들은 그 법의 보호를 받지 못한다는 뜻입니다.

예링은 권리를 "인격의 정신적 존재조건"이라고 보았기에 권리를 주장하는 것은 인격 자체의 정신적인 자기보존이라고 강조했습니다. 침해받은 권리에 대한 주장은 인격의 자기보존을 위한 행위며 바로 그 때문에 그것은 권리자의 자기 자신에 대한 의무라는 예링의 명제는 음미할수록 명쾌합니다.

"어느 개인의 권리든 민족의 권리든 모든 권리는 그것의 주장을 위해서 끊임없는 투쟁준비가 전제된다. 법은 단순한 사상이 아니라 생동하는 힘이다. 그러므로 정의의 여신은 한 손에는 권리의 무게를 달 수 있는 저울판과 다른 손에는 권리를 주장할 수 있는 칼을 쥐고 있다."

예링의 통찰은 지금도 유효합니다. 다행히 대한민국 국민의 권리의식은 높아가고 있습니다. 이미 군부독재와 30년 가까이 맞서 싸우며 정치 사회적 시민권인 자유권을 확보해왔고, 사회권의 절실함에 대한 의식도 비록 더디지만 꾸준히 확산되고 있습니다.

국민의 권리의식이 높아졌다는 사실을 상징적으로 드러내준 사건은 "주권"을 전면에 내걸었던 '촛불혁명'입니다. 물론, 촛불혁명도 내실을 기하고 한 단계 더 나아가야겠지요. 진정한 주권과 행복 추구의 권리를 확보하는 길은 투표와 이어져 있습니다.

맺음말

내 인생의 투표

인생 '100세 시대'가 열렸다고 합니다. 실제로 100세 넘게 사는 노인들이 늘어나고 있습니다. 2020년 현재 만 18살로 투표권을 가진 10대 청소년은 '평균 100세 시대'를 살 것으로 전망됩니다.

그렇다면 앞으로 80여 년 투표를 한다는 뜻인데요. 100세 시대의 18세 투표로 시작한 기나긴 주권 행사에서 설렘은 곧 실망과 무관심으로 이어지기 십상입니다. 투표권을 얻기 위해 인류가 싸워온 과정에서 흘린 피를 생각하면 너무 슬픈 일이지요.

무력감이나 허무감에 젖은 현대인에게 철학자 니체는 '자기 입법자'가 되라고 호소했습니다. 모든 사람이 입법부에 들어갈 수는 없겠지만 법을 만드는 사람을 선택할 수 있는 제도가 투표이지요. 투표와 다음 투표 사이에서 뜻을 함께하는 사람들과 입법운동을 펼수도 있습니다. 여러 사회운동 단체들이 분야별로 그런 활동을 하고 있지요.

마음을 다잡고 투표장에 다시 가거나 자신이 투표한 후보자가 당선되었을 때 기쁨이 찾아옵니다. 다만 그 기쁨이 오래가지 않을 수 있습니다. 그래서 조금은 더 멀리 내다보는 지혜가 필요합니다. 경험에 근거하지 않은 사색은 피하라고 경고한 다빈치는 "경험을 바탕으로 지혜의 탑을 쌓아가라"고 권고합니다. 동아시아에서도 "지혜는 경험의 결정智慧是經驗的結晶"이라는 말이 있지요.

자신이 선택한 투표가 나중에 부끄러울 수도 있습니다. 선출직 공직자의 임기가 끝나갈 무렵에는 그 사람 찍은 손을 어떻게 하고 싶다는 후회 이야기도 인터넷에 나돌지요.

하지만 너무 자학할 필요는 없습니다. "세 번 팔을 부러뜨려 보아야 좋은 의사가 된다"는 말도 염두에 둘 필요가 있습니다.

이 책에서 투표의 역사와 한국 정치의 숙제를 짚으며 투표할 때 지녀야 할 기준이나 가치를 담아보았는데요. 그 내용을 바탕으로 앞으로 투표할 때 성찰해볼 문제를 네 개의 권고와 네 개의 물음, 마지막으로 투표 직전에 성찰할 문제까지 아홉 개로 간추려보죠.

1. 투표지엔 피가 배어 있다

2. 지역감정은 주권 포기다

3. 자기 정치 색깔을 찾아라

4. 뉴스는 꼭 비교해서 보라

5. 우리 사회 문제 무엇인가?

6. 만들고 싶은 법과 제도는?

7. 어떤 나라에 살고 싶은가?

8. 평화 통일 어떻게 이룰까?

9. 내 생각에 누가 가까운가?

첫 투표에서 100세까지 우리는 최소 60여 차례 주권자로서 투표 행위를 할 수 있습니다. 그때마다 내 투표지에 담긴 희생을 떠올리면 가볍게 판단하거나 귀찮다며 기권할 수 없겠지요. 자신이 태어난 지역의 편견만으로 투표를 할 때, 그 주권행위는 민주주의와 전혀 무관할뿐더러 자칫 역행할 수 있습니다. 엄밀히 말해서 그것은 주권행위라기보다는 지역감정을 자극해서 자신의 출세를 꾀하는 부라퀴들에게 자신의 주권을 자진해서 반납하는 일에 지나지 않습니다. 주권 포기인 셈이지요.

지역감정의 폐쇄성에서 벗어나 적극적으로 자기 색깔을 찾아야 합니다. 정치 색깔은 다채롭습니다. 중세 신분제를 무너뜨린 혁명의 세 색깔로 파랑자유, 하양평등, 빨강우애이 있습니다. 20세기 후반부터 점점 더 큰 의제로 떠오르는 생태의 상징은 초록이지요. 보라는 페미니즘입니다. 한 색만을 추구하고 다른 색깔은 적대시한다면 그 또한 폐쇄적인 사람이 되겠지요.

누군가 파놓은 우물에 갇히지 않으려면 뉴스를 반드시 비교해 읽어야 합니다. '대구 부산엔 추석이 없다' 따위의 뉴스는 한국 언론의 역사에 부지기수입니다.

1969년 대통령 3선 개헌안이나 1972년 유신 헌법안, 1975년 유신체제 재신임, 1980년 5공 헌법안이 모두 국민투표에서 다수의 지지를 얻은 가장 큰 이유는 그 시기마다 언론이 일방적으로 권력의 의도를 지지하는 보도와 논평을 쏟아냄으로써 유권자의 눈과 귀를 가렸기 때문입니다. 하지만 이제 인터넷으로 정보혁명이 일어나고 누구나 언론 활동을 펼 수 있는 시대가 열렸습니다. 인터넷을 통해서라도 성향이 다른 신문의 사설들을 비교해 읽어가면 정치적 판단력을 높여갈 수 있습니다.

주권자로서 우리 사회가 풀어야 할 문제도 짚어볼 필요가 있습니다. 그때 그 문제를 해결할 법과 제도를 생각할 수 있겠지요. 조금 더 나아가 어떤 선진국을 바라는지, 평화통일은 어떻게 이뤄야 하는지 상상해볼 수 있습니다. 네 가지 권고를 염두에 두고 네 가지 물음에 답을 찾으며 내 생각에 가장 가까운 정당과 후보를 선택해가는 과정이 투표의 지혜에 이르는 길입니다.

내 생각과 가까운 사람들을 찾는 과정에서 얼마든지 자신이 피선거권자로 나설 수도 있습니다. 다만, 그 경우에 사람마다 꿈이 다르고 세금으로 월급을 받는 '공직'은 봉사하는 자리이므로 행여 우월감을 가져서는 안 되겠지요.

이 책을 쓰며 중고등학교에서 30여 년을 가르쳐온 교사에게 우리의 미래인 10대들이 바라는 세상은 어떤 것일까를 문의했습니다. "모두의 꿈이 차별받지 않고 반짝이는 세상", "가난하다고 기죽거나 부모를 부끄러워하지 않는 세상", "경쟁보다는 서로 돕는 세상", "왕따 없는 세상"이라는 답들을 받았습니다. 그 답을 하나하나 짚으며 새삼 10대들의 순수한 소망을 엿볼 수 있었습니다. 학교 못지않게 아니 그 이상으로 사회 구조 속에서도 '왕따'가 일상적으로 저질러지고 있어 더 그랬지요.

주권과 그 구체적 표현인 행복 추구권을 현실화해나가려면 주권자가 주체로 나서야 합니다. 아무리 복지를 이야기해도 그것을 구현할 주체의 주권의식이 없다면 모래 위에 집짓기와 같습니다.

'지역감정'과 '색깔공세'의 어둠에 갇힌 정치와 언론의 불통 구조에서 벗어나 '주권'과 '행복'을 더 많이 소통할수록 바로 그만큼 대한민국 민주주의는 성숙해가겠지요.

우리 헌법 1조가 선언한 '모든 권력이 국민으로부터 나오는 나라'의 건설은 하루아침에 이뤄지지 않습니다. 어둠을 밝혀갈 투표의 지혜를 정중히 제안하는 까닭입니다.